August Stocker

Über Johannes de Cermenate

Ein Beitrag zur Kritik einer Quelle für die Geschichte Heinrich VII. und Italiens im 14. Jahrhundert

August Stocker

Über Johannes de Cermenate
Ein Beitrag zur Kritik einer Quelle für die Geschichte Heinrich VII. und Italiens im 14. Jahrhundert

ISBN/EAN: 9783743624931

Hergestellt in Europa, USA, Kanada, Australien, Japan

Cover: Foto ©ninafisch / pixelio.de

Manufactured and distributed by brebook publishing software (www.brebook.com)

August Stocker

Über Johannes de Cermenate

ÜBER
JOHANNES DE CERMENATE.

EIN BEITRAG ZUR KRITIK EINER QUELLE FÜR
DIE GESCHICHTE HEINRICH VII. UND ITALIENS IM
14. JAHRHUNDERT.

INAUGURAL-DISSERTATION

ZUR

ERLANGUNG DER PHILOSOPHISCHEN
DOKTORWÜRDE

AN DER

UNIVERSITÄT HEIDELBERG

VON

AUGUST STOCKER.

BÜHL.
DRUCK DER AKTIENGESELLSCHAFT KONKORDIA.
1891.

MEINEN ELTERN

IN DANKBARKEIT

GEWIDMET.

Vorrede.

Vorliegende Arbeit ist in ihren ersten Teilen in dem hist. Seminar bei Herrn Hofrat Erdmannsdörffer entstanden. Ermutigt durch die freundliche Aufnahme, die sie daselbst gefunden hat, und mit Hilfe einiger Andeutungen von Herrn Geh. Hofrat Winkelmann habe ich sie zur Dissertation ausgearbeitet. Es drängt mich, auch an dieser Stelle den beiden Herrn für ihre freundlichen Ratschläge meinen ehrerbietigsten Dank geziemend auszusprechen.

I.
Einleitung.

Das mächtige Geschlecht der Hohenstaufen war im Kampfe gegen die Curie und ihre Partei in fruchtlosem Ringen untergegangen; die politischen Gegensätze von Guelfen und Ghibellinen waren damit in Italien freilich nicht verschwunden. Allein der Kampf der Parteileidenschaften tobte zunächst nicht mehr um die Ideen des Kaisertums und Papsttums, sondern es waren kleinliche Machtfragen, die unter dem Aushängeschilde der alten Parteinamen ausgefochten wurden. Vorteil, ererbte Tradition oder ein augenblickliches Verhältnis bestimmten die Wahl der Parteidevise, und der Fraktionsname hatte oft kaum ein politisches Prinzip zum Inhalt.[1] So sehr hatten die Namen ihre historische Bedeutung verloren, dass man sich nicht einmal mehr klar über den Ursprung derselben war.[2] Dabei lag nicht nur fast jede Stadt mit ihrer mächtigen Rivalin oder mit einem ganzen Städtebund in beständigem Hader, sondern unter wechselnder Regierungsgewalt, die sich durch Verbannung und Gegenverbannung charakterisierte, wüteten Zwietracht, unglaubliche Parteiwut und blutiger Aufruhr innerhalb der

---

[1] Gregorovius, Gesch. der Stadt Rom im Mittelalter. Bd. VI, pag. 17.

[2] So wird der Name Ghibelline etymologisch von bellum abgeleitet, und zur Erklärung des Namens Guelfi wird gesagt: Accipe igitur per primas tres litteras G. U. E. guerra, per L. Leonum, per F. fortis, et sic invenies quod guerra Guelforum contra Ghibellinos erit tanquam guerra Leonum fortis contra ghibiferos Ghibellinos. Du Chesne, SS. hist. franc. V, pag. 829.

Ringmauern selbst.¹) Das Bild, das Dante von seiner Vaterstadt entwirft, indem er deren Zustand mit dem eines Kranken vergleicht, der sich qualvoll auf seinem Lager herumwirft und vor Schmerzen keine Ruhe findet,²) passt im Grunde auf jede oberitalienische Stadt, namentlich auch auf Mailand. Hier war im Jahre 1302 die ghibellinische Herrschaft des Matteo Visconti durch eine welfische Revolution gestürzt worden.³) Aber die Wahl des Guido della Torre zum Kapitän der Stadt war derselben nicht zum Heil. Er verstand es nicht einmal, in seiner eigenen Familie Misstrauen und offene Zwietracht fern zu halten, um so weniger war er imstande, seinen Mitbürgern den ersehnten Frieden zu bringen; durch eine Reihe von Missgriffen hatte er seine Stellung aufs ernstlichste gefährdet.⁴)

Während sich aber Italiens Fülle von Lebenskraft in diesem Gewirr von Einzelfehden selbstmörderisch zerfleischte, und nirgends ein Vermittlungspunkt, nirgends eine Stelle zu finden war, wo man gerichtliche Entscheidung oder Ausgleich erwarten konnte, so war doch nicht überall das Bewusstsein geschwunden, dass es noch eine von Gott gesetzte Autorität gab, welcher die Aufgabe zukam, Ordnung zu schaffen — das war der Kaiser.⁵) Zwar waren die Beziehungen Reichsitaliens zu Deutschland bloss theoretische geworden; wie diesseits der Alpen die Kaisermacht durch Vergabung von Königsgut und Regalien geschwächt worden war, so waren auch dort durch freiwillige oder ertrotzte Zugeständnisse die Bande

¹) Ed ora in te non stanno senza guerra
Li vivi tuoi, e l'un l'altro si rode
Di quei che un muro ed una fossa serra.
Cerca, misera, intorno dalle prode
Le tue marine, e poi ti guarda in seno,
Se alcuna parte in te di pace gode.
Dante, Purgat. VI, 82—87.
²) Dante, Purgat. VI. Ende.
³) G. Giulini, memorie della città e campagna di Milano Vol. IV. pag. 818 ff.
⁴) Johannes de Cermenate, Kap. XVI.
⁵) Dante, Purgat. VI. 88 ff.

der Zugehörigkeit zum Reiche gelockert worden.¹) Aber die politische Zerfahrenheit, die Aussichtslosigkeit einer glücklichen Änderung war es, welche die Hoffnung wieder erweckte, im festen, organischen Anschluss an das Reich die einzige Rettung zu finden, und als daher die Kunde über die Alpen drang, dass Heinrich von Luxemburg zu einem Römerzuge rüste, weckte sie überall lebhaften Wiederhall. Zu den Idealisten, welche nicht glauben konnten, 'dass der mächtige Hohenstaufe Friedrich II. gestorben sei, die da hofften, es werde des Reiches alte Kaiserherrlichkeit noch einmal erstehen, unter deren Schutze der Welt Friede und Einigkeit erblühe, gehörte auch der mailändische Notar Johannes de Cermenate.

---

¹) propter Romanorum regis absentiam universe civitatis et communitatis regalia Romani imperii occupaverant. Dönniges, Acta Heinrici VII., P. II, Dipl. No. 89. Raumer, Geschichte der Hohenstaufen V. pag. 77 ff.

II.

Das Leben des Johannes de Cermenate und die Abfassungszeit seiner Geschichte.

Um dieselbe Zeit, da die „hehren Thaten des Caesar Heinrich" den Notar Albertinus Mussatus aus Padua begeisterten, dieselben seiner Nachwelt zu überliefern, und Ferretus von Vicenza, von eitler Ruhmsucht bestimmt, dieselbe Aufgabe auf sich nahm, da wollte auch ihr Amtsgenosse in Mailand, Johannes de Cermenate, das Seine dazu beitragen, „dass das Andenken an eine ungeheure Fülle von Begebenheiten, welche sein Zeitalter erlebt und gesehen, und welche in ihrer erschreckenden Grossartigkeit und wunderbaren Neuheit der Erzählung wert erschienen, nicht untergehe, sondern in seiner Geschichte fortlebe." Diese historia Johannis de Cermenate notarii mediolanensis etc. wurde zuerst von Muratori in seinen Anecdota latina und hierauf in dem Sammelwerk von Scriptores rerum italicarum[1]) herausgegeben; aber diese Ausgabe zeigte noch viele Lücken und Ungenauigkeiten. Auf Grund eines neuen Handschriftenmaterials sucht eine neue Ausgabe von Luigi Alberto Ferrai, Rom 1889 diese Fehler zu verbessern. Allein die von Ferrai benutzten Handschriften sind mit Ausnahme eines Fragments des 14. Jahrhunderts junge Abschriften, und im wesentlichen ist es ihm bloss gelungen, die grosse Lücke des Kapitels 15 pag. 25—37 auszufüllen, während er die fehlenden Blätter in Kapitel 50 pag. 108 nicht ergänzen konnte und in Kapitel 42 pag. 97 ff., wie Dönniges empfiehlt, das Chronicon Modoëtiense Bonincontri Morigiae[2]) zu Hilfe nehmen musste; und er

---
[1]) SS. rer. it. IX. pag. 1225 ff.
[2]) Muratori, SS. rer. it. XII. pag. 1054 ff.

konnte das mit gutem Grunde, denn neben dem Mailänder Dominikanermönch Galvaneus Flamma[1]) ist es namentlich Bonincontro Morigia aus Monza, der die Geschichte des Johannes de Cermenate mit grösserer oder geringerer Treue excerpierte.[2])
Über die persönlichen Verhältnisse unseres Autors wissen wir nur soviel, als aus seinem Werke oder zufälligen Notizen anderer Geschichtschreiber hervorgeht. Der Name Cermenate ist offenbar ein Ortsname.[3]) Doch war Johannes nicht der erste Träger desselben, da schon im 13. Jahrhundert Notare dieses Namens in Como urkundlich erwähnt werden.[4]) Vor ihm ist freilich dieser Geschlechtsname in Mailand nicht bekannt, und es liegt die Vermutung nahe, dass Johannes de Cermenate von diesen comaschischen Notaren abstamme.[5]) Doch ist für bestimmt anzunehmen, dass schon sein Vater Lorenzo hier wohnte, und dass der junge Johannes, am Ende des 14. Jahrhunderts geboren, daselbst seine Erziehung genossen hat. Dafür spricht am besten sein Werk selbst; denn so kann nur jemand von und für Mailand sckreiben, der mit

---

[1]) Muratori, SS. rer. it. XI. pag. 532 ff.
[2]) Friedensburg spricht in einer Note in „Geschichtschreiber d. d. Vorzeit," Lfg. 67, pag. 474, die Vermutung aus, dass auch im Anfang des Kapitels 24 eine Lücke sein müsse, da er die Schilderung der letzten Vorbereitungen zu dem Aufstande vermisse und das im Texte gebrauchte „nam" keinen Sinn gebe. Aber diese Vorbereitungen wurden doch äusserst heimlich getroffen, und der kaiserliche Notar konnte jedenfalls erst in letzter Reihe etwas Bestimmtes direkt von denselben wissen. Aber auch das „nam" hat wohl einen Sinn, indem es die Begründung für die Behauptung einleitet, dass die Verwegenheit und Aufsässigkeit der Bürger zu ihrem Schaden ausschlug. Die Deutschen merkten dies nämlich auch und trafen ihre Gegenmassregeln, wodurch der Aufstand für die Mailänder so unglücklich ausfiel.
[3]) Wohl „Cermenate, comune in Lombardia, prov., circondar. e mand. di Como." Dizionario corografico dell'Italia von Prof. Amato Amati.
[4]) Ferrai, pref. pag. 12 A. 7.
[5]) Bemerkenswert bleibt immer eine Notiz bei C. B. Giovio: „Gli uomini della Comasca diversi illustri" (Ferrai p. 13 Not.), worin er sagt: Giovanni da Cermenate è annoverato tra i Milanesi perchè portatosi fra quelli vi esercitò l'impiego di notaio. Wir können zwar diese Nachricht nicht auf ihre Wahrheit prüfen, da Giovio nicht angiebt, woher er sie genommen hat. Allein sie zeigt uns wenigstens, wie schon von ihm (sein Werk erschien in Modena 1784) an eine Beziehung unseres Autors mit diesen comaschischen Notaren gedacht wurde.

seinem ganzen Denken und Fühlen seiner Vaterstadt angehört. Ferner erfahren wir von ihm selbst, dass er im Jahre 1312 als Syndacus der Stadt Mailand mit noch zwei anderen nach Lodi ging, wo Graf Werner von Homburg die Abgeordneten der oberitalienischen Städte versammelte.[1]) Wenn wir auch nicht wie Ferrai deswegen für erwiesen erachten, che aquistato il diritto di cittadino per lunga dimora fatta in Milano[2]), da er diesen Auftrag nicht so sehr als Bürger wie als „rechtskundiger Beirat"[3]) ausführte, so war diese Stellung doch so bedeutungsvoll, dass es im Interesse Mailands liegen musste, dafür einen Mann zu wählen, der mit den Verhältnissen der Stadt wohl bekannt war und das in ihn gesetzte Vertrauen schon seit einer Reihe von Jahren verdient hatte. Berücksichtigen wir dabei, dass er damals noch verhältnismässig jung war[4]), so wird unsere Annahme unterstützt, dass Cermenate nicht bloss von Gesinnung, sondern auch von Geburt ein Mailänder war.

Argelati will nach einer Note bei Ferrai, pref. p. 16, auch die Gegend kennen, in der der Vater unseres Autors wohnte. Es war dies im nördlichen Mailand, in der Nähe der Porta Cumana. Er versäumt zwar anzugeben, woher er diese Mitteilung genommen hat, allein es scheint, dass er in der That recht berichtet ist; denn Sommerfeld[5]) kennt eine Urkunde vom 4. September 1388, ausgestellt in statione que tenetur per Johannem de Cermenate notarium sita in parochia St. Michaelis ad galum porte Cumane Mediolani, wonach wahrscheinlich ein Nachkomme unseres Autors, vielleicht ein Enkel, die Notariatsgeschäfte da ausübte, wo schon Lorenzo de Cermenate wohnte.

Sommerfeld bestreitet freilich[6]), dass wir den Namen des

---

[1]) Kap. 45. pag. 101, nicht wie Muratori l. c. im Jahre 1310 oder Ferrai pref. pag. 14 im Jahre 1313 (vergl. Giulini o. c. V. 15., Barthold, der Römerzug König Heinrichs VII. II. pag. 231).

[2]) Pref. pag. 15.

[3]) Sommerfeldt, Deutsche Ztsch. für Geschichtswissenschaft, herausgegeben v. Quidde V. B. 1. H. J. 1891 p. 163.

[4]) Aus einer Urkunde vom Jahre 1344 ergiebt sich, dass er mindestens noch 32 Jahre nachher lebte. Ferrai, Pref. p. 23.

[5]) O. c. pag. 159/60.

[6]) l. c.

Vaters unseres Geschichtschreibers wissen könnten. Die Ausgabe Argelatis hält er für unzuverlässig; jener habe sie aus einer Urkunde genommen, welche sehr wohl die schon erwähnte aus dem Jahre 1344 sein könne. Der dort genannte Johannes de Cermenate, filius quondam Laurentii, brauche aber nicht unser Autor zu sein. Allein den Wohnort des Lorenzo konnte Argelati nicht aus der angeführten Urkunde erfahren, also musste er seine Mitteilung aus einer andern Quelle geschöpft haben. Die Ansicht aber, dass der in der Urkunde vom 9. März 1344 erwähnte Notar identisch mit unserm Autor sei, hat die allergrösste innere Wahrscheinlichkeit. Da beglaubigt Johannes de Cermenate mit noch sieben anderen[1]) auctoritate imperiali publici notarii vor einer grossen Zahl geistlicher und weltlicher Würdenträger die Abschrift einer Sammlung kaiserlicher Urkunden zugunsten Mailands. Die erste Stelle, welche er in der Unterschriftsreihe einnimmt, wird ihm wohl durch sein Alter wie durch das Ansehen zugewiesen, das er bei seinen Amtsgenossen hatte. Für einen so feierlichen Akt wäre aber der Notar, der in der Urkunde vom Jahre 1388 erwähnt wird, und den Sommerfeld geneigt ist für identisch mit dem Johannes de Cermenate, filius quondam Laurentii, vom Jahre 1344 zu halten, viel zu jung gewesen.

In seinem Geschichtswerke tritt die eigene Person ganz zurück. Die Unruhen in Mailand hat er selbst miterlebt, doch liess er sich nicht von der Aufregung der „thörichten, schlechtberatenen Menge" fortreissen[2]), die „allzu leichtgläubig" die Waffen gegen ihren Herrn ergriff.[3]) Als dann das Feuer des Aufstandes im Entstehen erstickt war, aber „jene neue Bewegung, die nicht nur dem König, sondern allen seinen Unterthanen schädlich ist," auch drei benachbarte ligurische Städte ergriff,[4]) folgte auch Johannes de Cerme-

---

[1]) Ferrai sagt: acht; aber Sommerfeldt o. c. pag. 160. A. 1. weisst nach, dass es nur 7 Notare waren, indem 2 Namen, die Ferrai durch ein Komma trennt, nur einem zukommen.
[2]) K. 24 pag. 50 stolida et inconsulta turba.
[3]) K. 25 pag. 54 creduli nimium.
[4]) K. 29. pag. 65.

nate dem königlichen Heere, und nach eigenem Zeugnisse weilte er im Sommer 1311 im deutschen Lager vor Brescia.[1] Doch der König drängte nach Rom, um endlich sein Haupt mit der ersehnten Kaiserkrone zu schmücken, und in der von wilden Parteikämpfen durchtobten Lombardei liess er den tapfern, umsichtigen Werner von Homburg zurück. Sofort erhoben die Guelfen wieder kühner ihr Haupt; um ihnen entgegenzutreten, berief dieser am 8. März 1312 die Gesandten der oberitalienischen Städte zu einer Beratung nach Lodi. Als Vertreter von Mailand erschien, wie bereits erwähnt, auch unser Johannes de Cermenate. Die eingehenden, anschaulichen Schilderungen, die er von der Einnahme von Soncinum wie von dem Untergange des Gulielmus Cavalcabos macht, lassen vermuten, dass er einige Zeit im Lager des Generalstatthalters geblieben ist.[2]

Als dann nach dem raschen Tode des Kaisers die alten Parteigegensätze wilder als je aufflammten und durch die Erzbistumsfrage eine kirchliche Bedeutung erhielten, scheint sich der kaiserliche Notar vom öffentlichen Parteileben zurückgezogen zu haben; wenigstens hören wir für die erste Zeit nichts mehr von ihm. Die erste Nachricht, dass er noch am Leben ist, erfahren wir von dem Mailänder Chronisten Galvaneus Flamma, der unter den Büchern, aus denen er seinen Manipulus florum zusammensetzte, auch den Livius erwähnt, den er bei Cermenate entlehnt hatte.

---

[1] Kap. 63 pag. 126.
Sommerfeldt o. c. pag. 164 vermutet, dass der Aufenthalt Cermenates vor Brescia ein unfreiwilliger war, dass er nämlich zu den Geiseln gehörte, die Heinrich VII. aus Mailand als Bürgschaft für die Erhaltung des Friedens in dieser Stadt mit sich führte. Aber worauf stützt er diese Vermutung, etwa auf die geringste Andeutung unseres Autors, von dem wir doch in erster Reihe etwas direkt oder indirekt wissen sollten; würde diese Massregel überhaupt zu dem neutralen Verhalten Cs. während des Aufenthalts des Königs in Mailand passen? Oder soll diese Annahme nur die gewaltsam unterschobene Stütze sein, welcher die Behauptung bedarf, dass Johannes de Cermenate als eines der einflussreichsten Häupter der Mailänder Ghibellinenpartei und zwar schon für das Jahr 1311 anzusehen sei? Cermenate befand sich eben bei dem Hilfsheer der Mailänder, welches diese auf ein königliches Aufgebot stellen mussten.
[2] Kap. 47/48 pag. 101 ff.

Muratori setzt dafür das Jahr 1330[1]), doch ist dasselbe kaum sicher zu bestimmen.

Dann zählt ihn eine Urkunde vom 7. September 1335 unter den nongenti consiliarii der Stadt Mailand auf (bei Osio, documenti diplomatici milanesi I. 96[2]), und ebenso führt ihn die Decurionenliste für das Jahr 1340 unter den novecento consiglieri des generale consiglio an, welche unter dem Vorsitz der Podestà Franziscus de Oramara über die Streitigkeiten mit dem heiligen Stuhl berieten.[3]) Die letzten Nachrichten haben wir, wie bereits erwähnt, vom 9. März 1344, als die Achtung seiner Mitbürger, welche ihm in seinem Leben so wichtige und einflussreiche Vertrauensämter angewiesen hatte, den schon im vorgerückten Alter stehenden Notar noch einmal aus seiner Zurückgezogenheit hervorrief, um einer so wichtigen Urkunde durch seine Unterschrift ein besonderes Ansehen zu geben.

Sehen wir uns nun sein Geschichtswerk etwas näher an, und fragen wir uns zunächst nach der Abfassungszeit. Da ergiebt sich aus dem Anfang des Kap. 67 ein Anhaltspunkt für die Bestimmung des terminus post quem. Hier spricht er von den Jahren 1313 und 14 als hinter ihm liegend[4]), also kann dieser Teil mindestens nicht vor 1315 abgefasst sein. Allein es scheint, dass die Abfassungszeit desselben noch später anzunehmen ist. In Kapitel 66 erzählt er nämlich von dem Treffen bei Gaggiano vom 24. September 1313[5]), und fügt dann bei, „dass noch heute in Mailand die Frage erwogen wird," ob die todesmutige That des deutschen Grafen Serraponte[6]) oder die kluge Vorsicht des Podestà Zanacio de'Salimbeni mehr zu loben wäre.[7]) Mit Recht zieht deshalb Ferrai[8]) den Schluss: evidentemente quando il C. narrava il fatto erano già trascorsi parecchi anni.

---

[1]) SS. rer. it. XI. 539.
[2]) Sybel, hist. Zeitsch. B. 50 p. 305.
[3]) Ferrai pref. pag. 22, Giulini o. c. V. pag. 280.
[4]) Eo sequentique anno quod dignum sit memoria parum actum est, pag. 144.
[5]) Giulini o. c. V. pag. 34 ff.
[6]) oder Salabrug (Saarbrücken?) Giulini l. c.
[7]) hodie etiam in urbe nostra saepe huius quaestio ventilatur, pag. 139.
[8]) Prefazione pag. 27.

Dagegen hindert uns nichts, die Abfassung des ersten Teiles in das Jahr 1315 zu verlegen, jedenfalls dürfen wir dieselbe nicht später als 1316 annehmen. Denn in Kapitel 25 ist uns ein terminus ante quem bestimmt. Hier spricht er von Castone della Torre als dem jetzigen Erzbischof von Mailand.[1]) Es ist bekannt, dass dieser Bischof, den die Verbannung, welche seine Familie betroffen, vom Sitze seines Erzbistums ausschloss, im Jahre 1317 zum Patriarchen von Aquileia ernannt wurde.[2])

Also, so vermutet schon Dönniges, muss er wenigstens bis zu dieser Stelle seine Geschichte fast gleichzeitig geschrieben haben.[3])

Aus dem Gesagten geht hervor, dass Cermenate nicht in einem Zuge geschrieben hat, und ohne Mühe werden wir zwei Abschnitte herausfinden, von denen der letzte wahrscheinlich nach einer längern Zwischenzeit verfasst ist. Der 1. Teil umfasst offenbar das, was er unvermittelt selbst erlebt hat, und was sich ihm in lebhafter Erinnerung zuerst vor die Seele drängte. Es sind das die Ereignisse nach der Ankunft des Königs in Italien, die Unruhen in Mailand und Brescia und mit aller Wahrscheinlichkeit nach dem Zuge des Königs nach Genua und Rom die Vorkommnisse unter Graf Werner von Homburg in der Lombardei. Wenn von der Kaiserkrönung nichts in den Handschriften gemeldet ist, sondern gerade hier die Lücke ist, welche auch die neue Ausgabe von Ferrai nicht ausfüllen konnte, und wenn ferner auch Bonincontro Morigia, der doch bisher unsern Autor redlich ausschrieb, nur dürftige Nachrichten bringt, so sind, glaube ich, 2 Schlüsse berechtigt: 1., dass Cermenate selbst nur spärliche Nachrichten über diese entfernten Vorgänge gebracht hat, und 2., dass sich der 2. Teil, wie sich bereits auf anderem Wege ergab, nicht unmittelbar anschloss. Denn hätte Bonincontro Morigia nicht bloss den 1. Teil, der vielleicht in mehreren Abschriften verbreitet war, sondern auch die Fortsetzung vor sich gehabt, so hätte er sich nicht mit Grund wegen

---

[1]) Castone nunc archiepiscopus. pag. 53. Variant.
[2]) Nicht wie Dönniges: Kritik der Quellen für d. Geschichte Heinrichs VII. pag. 90 im Jahre 1315, vergl. Giulini o. c. V. pag. 78, Leo, Gesch. der ital. Staaten III. pag. 259.
[3]) l. c.

seiner Kürze entschuldigen können, weil es schwer sei die Wahrheit zu erfahren darüber, quae ab imperatore post suam coronationem in Roma et Tuscia parabantur agenda adversus regem Robertum[1]); denn gerade über die Kämpfe in Tuscien wird Cermenate wieder sehr ausführlich. So würde der 2. Teil als der bedeutend kürzere erscheinen. Aber ist er es in der That auch gewesen, ist uns die Geschichte des Cermenate auch vollständig überliefert? Im Anfange[2]) hat er versprochen, die Bedrängnisse und das Ringen seiner Stadt, soweit er selbst Augenzeuge gewesen, den spätern Geschlechtern zu überliefern. Sollte er jetzt seine Aufgabe, die er ja als Pflicht auffasst, schon für erledigt betrachtet haben, und von den ereignisvollen Jahren nach dem Tode des Kaisers nichts mehr gefunden haben, was wert gewesen wäre, der Nachwelt mitgeteilt zu werden, zumal wenn er in ein Alter kam, das von der Natur mehr zur Reflexion angelegt ist? Doch die Vermutung wird zur Gewissheit, wenn wir uns der Stelle erinnern, auf die Ferrai[3]) bei Bonincontro Morigia aufmerksam macht. In der Einleitung des zweiten Buches des Chronicon Modoëtiense sagt er klar und bestimmt: qui (J. d. C.) valde bene, veraciter, curioso legentibus stilo ea quae gesta sunt in Italiam ab adventu Heinrici imperatoris usque ad primatum Galeazi Vicecomitis regnantis in Mediolano explevit;[4]) freilich hat er diesen letzten Teil, wie bereits ausgeführt wurde, nicht benützt.

So hat also Johannes de Cermenate mindestens bis zum Jahre 1322, dem Todesjahre des Matteo Visconti geschrieben; leider aber scheint dieser Teil seiner Geschichte verloren zu sein, und wenn sich auch die Vermutung Ferrais bestätigen sollte, dass die historia legati ad Matheum Vicecomitem, welche Galvaneus Flamma in seiner Galvagnana erwähnt, identisch mit der Fortsetzung der Geschichte Cermenates wäre, so ändert dies daran nichts, da uns auch von dieser nichts als der Titel erhalten ist.

---
[1]) o. c. pag. 1110.
[2]) pag. 5.
[3]) Pref. pag. 27.
[4]) Murat. SS. rer. it. XII. 1089.

III.

Der Bildungsgrad unseres Autors, seine Darstellungsweise.

Bevor wir in die Untersuchung über den historischen Wert der Geschichte des Johannes de Cermenate eintreten, werden wir die Fragen zu beantworten suchen: 1. wollte er die Wahrheit schreiben, 2. konnte er dies thun? Auf die 1. Frage werden wir Antwort geben können, wenn wir wissen, wie er seine Aufgabe aufgefasst hat, und welche Absicht er damit verfolgte, auf die 2., wenn wir uns klar gemacht haben, ob er nach seiner Bildung, seinem moralischen Charakter, nach seiner socialen und politischen Stellung und Interessensphäre auf Grund eigener Anschauung oder zuverlässiger Quellen uns wahrheitsgetreue Mitteilung machen konnte.

Die Motive, die unsern Autor zum Geschichtschreiber machten, den Zweck, den er mit seinem Werke verfolgt, giebt er in der Einleitung selbst klar und bestimmt an. Die Geschichte ist ihm ein Heilmittel gegen die menschliche Unvollkommenheit, das seine wohlthätige Wirkung nicht blos auf das gegenwärtige, sondern auch auf die kommenden Geschlechter äussert, indem diese die Entwicklung der Dinge und die Geschicke der Menschen erkennen können und daraus lernen, was sie zu erstreben, was sie zu meiden haben.[1]) Schon aus diesem Grunde kann Cermenate nicht zu den Humanisten gezählt werden, denn für diese ist charakteristisch die Abwendung von der Gegenwart und die völlige Vertiefung in das Altertum, welches als Ideal dasteht, und welches man wieder herzustellen bestrebt ist; er aber gehört ganz seiner Zeit an, sein Blick ist nach vorwärts gerichtet, er schreibt zu Nutz und Frommen seiner Nachwelt.

---

[1]) Vergl. Thukydides lib. I. Kap. 22, Sir Raul, Murat. SS. rer. it. VI. 1173, Dino Compagni, Murat. SS. rer. it. IX. 467.

Diese Erkenntnis von der erziehenden Aufgabe der Geschichte ist ihm zum sittlichen Bewusstsein geworden. Wie Dante[1]) sieht er darin seine Pflicht, etwas zum Gemeinwohl der Menschheit beizutragen, und wie dieser „öfters darüber nachdenkend, dass man ihn nicht sein Pfund begraben zu haben beschuldige, begehrte, für die allgemeine Wohlfahrt nicht Knospen nur zu treiben, sondern Früchte zu zeitigen," so will auch er dem Vorwurfe entgehen, dass er immer nur das, was andere geleistet, durchsucht, aber nichts zurückgelegt und für die Nachkommen gethan habe.[2])

Durch diese hohe Auffassung und diesen sittlichen Ernst, mit dem er an seine Aufgabe geht, unterscheidet er sich vorteilhaft von seinem Zeitgenossen Ferretus von Vicenza, der nur deshalb von den Poeten zu den Geschichtschreibern geht, weil die Kunst der Poesie wegen der Silbenmessung und des Rhythmus die schwierigste von allen ist, die historia aber nach aller Urteil zugleich ergötzlich und leicht.[3])

Wenn wir die 2. Frage beantworten wollen, so müssen wir zuerst versuchen, unsern Autor aus seiner Zeit heraus zu verstehen; wir werden sehen, welchen Bildungsgrad wir bei ihm voraussetzen dürfen und wie sich diese allgemeine Bildung in seiner Darstellungsweise erkennen lässt.

Im Anfange des 14. Jahrhunderts hatte sich zwar die Vulgärsprache des Italienischen bereits ausgebildet und hatte auch schon ihre litterarischen Vertreter gefunden[4]); allein niemals war das Studium der alten Klassiker vernachlässigt worden, ja wie die Morgenröte den lichten Tag anzeigt, so ging auch ein lebendiges Regen auf allen Gebieten der Wissenschaft und Kunst dem „neuen Leben," der Renaissance voraus. Zwar hatte Mailand bis jetzt noch keine Tyrannen gehabt, die wie die Cangrande in Verona, die Gonzaga in Mantua oder die Signori von Padua die Wissen-

---
[1]) de monarchia, herausg. von C. Witte, Lib. I. de necessitate monarchiae Kap. I.
[2]) pag. 4.
[3]) .... ad eam, quam omnes delectabilem et simul facilem esse deiudicant, brevi nos intervallo contulimus.
Murat. SS. rer. it. IX. 943.
[4]) A. Gaspary, Geschichte der it. Literatur I. pag. 163.
Barthold, Der Römerzug Kg. Heinrichs VII. I. pag. 265.

schaften besonders pflegten und begünstigten; allein es gab überhaupt keine einigermassen bedeutende Stadt in Italien, welche nicht wenigstens einen Lehrstuhl für Wissenschaften besass.[1]) So hatte unser Autor wohl Gelegenheit, sich eine allgemein wissenschaftliche Bildung anzueignen; denn wie von den Richtern wurden auch von den Notaren mit der Zeit immer grössere Kenntnisse verlangt, wenn sie in ihrem wichtigen Wirkungskreise Beifall oder bestimmte Anstellung in den Städten finden wollten.[2]) So entstand unter dem Einflusse des wiederbelebten römischen Rechts eine eigene Schule für die Notare in Bologna, und die Collegien der Notare, jene Genossenschaften, zu denen sie sich corporativ zusammenfanden, übten selbst einen gewissen Zwang auf ihre Mitglieder aus, indem sie die Aufnahme von einer Prüfung nicht nur in der italienischen, sondern auch in der lateinischen Sprache abhängig machten.[3])

Allein in seinem Hause fanden sich nicht blos Bücher, die bei keinem Amtsgenossen seiner Zeit fehlen durften, wie die summa artis notariae des Rainerius Perusinus, des Salathiel oder Rolandinus, der tractatus notularum etc.[4]), sondern aus seiner Bibliothek konnte, wie bereits erwähnt, Galvaneus Flamma neben anderen Werken auch den Livius entlehnen.[5]) Wenn auch der volle Frühling der Renaissance noch nicht angebrochen war, so war das Interesse für den Geist und die Form der Alten wieder erwacht; hatte doch schon Dante seinen Virgil, der ihn durch inferno und purgatorio führte, und so erklärt auch Cermenate in der Einleitung seines Werkes, dass er sich mit den herrlichen Werken der Alten eifrig abgegeben, viele Bücher derselben durchforscht und darin, so fügt er nicht ohne Stolz hinzu, mit Gottes Hilfe

---

[1]) Tiraboschi, storia della letteratura ital. V. part. I. p. 15 ff. Barthold, o. c. I. pag. 234.
[2]) Raumer, Gesch. d. Hohenstaufen. B. V. (5. Aufl.) pag. 116.
[3]) Bethmann-Hollweg, Der Civilprozess im Mittelalter. III. pag. 161 ff.
[4]) Bethmann-Hollweg o. c. p. 165.
[5]) Gross werden wir uns freilich diese Bibliothek nicht vorstellen dürfen, vergl. Tiraboschi o. c. V. C. 4. esse (le bibliotheche) però erano assai scarse di libri, e questi per lo più riducevansi ad alcune opere de'SS. Patri et degli antichi et de'recenti teologi, a libri dell'uno et dell'altro Diritto e a que' di medicina, di astrologia et di filosofia.

Fortschritte gemacht habe.¹) Wenn er deshalb fürchtet, alieni semper scrutator operis gescholten zu werden, so ist dieser Vorwurf für die Kapitel de situ ambrosianae urbis et cultoribus ipsius et circumstantium locorum nicht ohne Berechtigung. Er selbst citiert den Siccardus, den Eutropius und die graphia aureae urbis.²) Für die Zeit der langobardischen Invasion ist ihm die Langobardengeschichte des Paulus Diakonus direkt oder indirekt bekannt gewesen; weil er dieselbe nicht citiert, scheint das letztere der Fall zu sein. Etwas Anderes ist es mit Livius; dieser war, wie wir wissen³), in seinem Besitze, und Ferrai weist darauf hin⁴), wie sich die Kapitel 23—43 des V. Buches aus dessen Geschichte leicht wieder herausfinden lassen.⁵)

Allein bei dem Umstande, dass er in seiner Geschichte zum grössten Teil das niederlegt, was er mit eigenen Augen gesehen hat und diese fabelhaften Vorgeschichten nur deshalb bringt, weil es so im Geschmacke seiner Zeit lag, ist es nicht so sehr von Wichtigkeit, was er von den Alten aufgenommen hat, als inwiefern er durch sie in seiner Darstellungsweise beeinflusst wurde, und da lässt sich deren Einwirkung von Seite zu Seite verfolgen. Während er sich aber freihält von den Fehlern mancher Historiker der Renaissance, „bei denen alles abgeblasst und konventionell zierlich erscheint, bei deren Lektüre den Leser die Ahnung plagt, dass zwischen den livianischen und caesarischen Phrasen die beste individuelle und lokale Farbe, das Interesse am vollen wirklichen Hergang Not gelitten hat⁶),“ zeichnet er sich vor seinen Zeitgenossen durch seine künstlerische Rundung und Anschaulichkeit,

---

¹) pag. 4.
²) Kap. I. pag. 5 und 6.
³) Er selbst citiert ihn auf pag. 7.
⁴) pag. 7 ff.
⁵) Ferrai macht auch pag. 16 A auf analoge Stellen bei Thomas von Aquin und dem hl. Augustin aufmerksam. Allein dabei brauchte Cermenate nicht auf die Autoren selbst zurückzugehen; wie Kap. 7 pag. 18 zeigt, wo er die Auffassung des Sachsenspiegels von der Ämtertheorie der 7 Churfürsten zu der seinigen macht, waren solche Ideen viel allgemeiner verbreitet, als man bei den mangelhaften litterarischen Hilfsmitteln jener Zeit annehmen möchte. (Vergl. auch von der Hagen, Minnesinger, IV. 494 über Reinmar von Zweter.)
⁶) J. Burckhardt, die Cultur der Renaissance I. pag. 285.

durch eine Korrektheit und Glätte der Sprache aus, welche an die
Alten erinnert, ohne dass jedoch die historische Treue Not gelitten
hätte. Dies wurde aber auch zu allen Zeiten anerkannt.
Das Urteil des Verfassers des Chronicon Modoëtiense, Bonincontro
Morigia, wurde bereits mitgeteilt, Muratori stellt ihn über Mussatus
und Ferretus von Vicenza an die Seite von Petrarca[1]), und ebenso
rühmt Tiraboschi die bewundernswerte Eleganz des Stiles, die
ganz ungewöhnlich für seine Zeit sei und bedauert nur, dass nicht
mehr von ihm erhalten ist.[2]) Zwar hofft Cermenate, dass die
Sache an sich den Leser gewinne, cum inconditus sermo a lectione
reiiciet[3]); allein auf pag. 15 zeigte er, dass ihm auch an der Form
etwas liege; er hat die ganze Einleitung, worin die Untersuchung
über den Unterschied von Mensch und Tier an die Einleitung von
Salusts: de coniuratione Catilinae erinnert, vorausgeschickt, ne
velut illotis manibus ad laeta convivia discumbentes rudicitate
nimia redarguamur. Aber die klassische Form ist keine ge-
künstelte und gesuchte, sondern aus seiner ganzen Darstellung
fühlt man heraus, wie die Feder leicht dem Geiste gehorcht, wie
seine Sprache mit seinem Empfinden lebt. Ruhig referierend, in
epischer Breite fliesst sie dahin, wo er bloss zu erzählen hat, in
hoher Begeisterung flammt sie auf, wenn er von seinem „milden"
Kaiser spricht, dem gewaltigen Herrscher, bei dessen Herannahen
der Tag, als wüsste er dessen Ankunft, zu einem schönern wird.[4])
Nie wird er trocken, nüchtern oder geschäftsmässig wie so mancher

---

[1]) . . . . in Mussato habes stilum non raro asperum et salebrosum, ver-
bis a Latinorum elegantia longe interdum abhorrentibus. Contra in Cerme-
natensi perspicuum plerumque dicendi genus, in quo gravitas nunquam desi-
deratur, et laudabilis latiuitatis sapor fere ubique deprehenditur . . . . . quem
admodum etiam de Ferreto Vicentino praefabar.
SS. rer. it. IX. pag, 1225.

[2]) . . . . scrittore di cui sarebbe a bramare che una storia assai più
diffusa ci avesse lasciato, perciochè egli ha nel suo scrivere una forza e una
precissione non ordinaria, e, cio ch'è più da ammirare, una eleganza di stile
affato insolita a questi tempi.
o. c. V. parte II. pag. 441.

[3]) pag. 4.

[4]) Kap. 16. pag. 38.

Chronikenschreiber, sondern seine Sprache zeichnet sich durchweg durch lebendige Frische, ja manchesmal durch poetischen Schmuck aus. — Von lebhaftestem Mitgefühl ist sie durchwärmt, da er seiner bedrängten, ausgeraubten Mitbürger gedenkt; er kann sich eines Schmerzensrufes nicht enthalten, da er sich das Weh der armen Mutter ausmalt, die durch einen tückischen Lanzenwurf fast ihren Sohn verloren hätte¹), eine sichtliche Freude ergreift ihn, da er die edle, aufopfernde That des Dieners mitten in diesen Scenen von Plünderung und blutigen Gewaltthaten schildern kann.²)

Was jedoch die Lektüre seines Werkes besonders angenehm macht, das ist die dramatische Lebendigkeit und treffliche Charakteristik, mit der er uns einzelne Scenen und Personen vor die Augen führt. Wie anschaulich zeichnet er uns nicht den Mailänder Aufstand!³) Die leisesten verdächtigen Regungen entgehen uns nicht, wir hören jedes Gerücht, das heimlich die Stadt durchschwirrt, und das sich die Bürger im Flüstertone auf den Strassen zuraunen; da plötzlich erschallen drohende Rufe: Tod den Deutschen, nieder mit den Barbaren! durch Mailands Strassen, und die bethörten Bürger eilen aus ihren Quartieren auf ihre Sammelplätze. Aber in kurzem sind sie mit blutigen Köpfen auseinandergetrieben, und die grausame Beutelust der Deutschen wütet nun, die nicht mehr die Magazine des friedlichen Bürgers von dem Hause des Feindes uuterscheidet. Plastisch und lebenswahr tritt Guido della Torre aus dem Rahmen in seinem wilden Trotze und seiner verächtlichen Feigheit. Allein bei aller Lebendigkeit der Darstellung beobachtet C. immer eine sorgfältige Ordnung; alles soll so dargestellt werden, wie es sich abspielte, und wenn sich die Erinnerungen mächtig vordrängen, so weist er sie zurück, bis sie an die Reihe kommen, erzählt zu werden.⁴)

Viel erfreuliches hat er allerdings nicht zu berichten; doch in all diesem Elend, das täglich sich erneuert, hat er die Hoffnung

---
¹) heu miserae genitrici, paene crudeli fato innocens puer erreptus est. Kap. 29. p. 59.
²) O praeclara et utilis mundo fides! o grata Deo virtus. ibid.
³) Kap. 24, pag. 50 ff.
⁴) Kap. 29, pag. 65.

auf eine höhere Vergeltung und Leitung nicht verloren[1]), und mit kindlichem Vertrauen hofft er, dass der höchste Richter um einer guten That willen sein Urteil mildern werde.[2])

Fassen wir dieses Kapitel noch einmal in einem kurzen Satze zusammen, so können wir sagen, dass Cermenate mit einer hohen Auffassung von seinem Berufe als Historiker auch eine sorgfältige Bildung des Geistes und Herzens, eine edle Begeisterung für alles Gute und Schöne für seine Aufgabe mitbringt, was ihm von vornherein unser Vertrauen gewinnt.

---

[1]) Kap. 29, pag. 59.
[2]) Kap. 42, pag. 88.

IV.
Amtliche und sociale Stellung, politische Gesinnung.

Wichtig bei der Entscheidung der Frage nach der Bedeutung Cermenates als historischen Schriftstellers ist auch die Berücksichtigung der Stellung, welche er im bürgerlichen Leben eingenommen hat, da wir daraus desto eher seine politische Gesinnung verstehen können. Die Notare, durch deren Hände fast alle Verträge und alle Handlungen der freiwilligen Gerichtsbarkeit gingen[1]), hatten im öffentlichen Leben ein sehr grosses Ansehen. So gehörten nach Dino Compagni in Florenz die Notare mit den Richtern zur ersten Zunft.[2]) Auf dem Lande jedoch entstanden ihnen auch Aufgaben bei Leistung des Unterthaneneides, in Bezug auf die Befehle der Obrigkeit, bei Gemeindeversammlungen etc.[3]), und so ist es leicht begreiflich, dass der Kaiser aus politischen Gründen die Ernennung derselben fast immer in der Hand behielt.[4])

---

[1]) Die Befugnisse des Notars waren im 14. Jahrhundert regelmässig mit denen des judex ordinarius verknüpft. Ficker, Forschungen zur Reichs- und Rechtsgeschichte Italiens. III. pag. 30.
[2]) Hegel, Gesch. d. Städteverfass. in Italien II. 258.
[3]) Bethmann-Hollweg o. c. III. pag. 185.
[4]) So weisst Ficker, o. c., nach, dass es schon seit dem 10. J. in der Lombardei nur Königsnotare gab, deren Ernennung eine ausschliessliche Befugnis des Königs geworden war. In B. II, pag. 71 führt er ein Protokoll vom Jahre 1186 an, worin der vom König Heinrich investitierte Notar schwört fidelitatem ipso domino regi et patri suo — imperatori, ut est mos notariorum et vasallorum imperatoris suo regi et imperatori jurare, und in B. IV teilt er unter No. 502 eine Urkunde aus dem Jahre 1312 mit, worin König Heinrich VII. den Vicar von Brescia bevollmächtigt hatte, die judices und Notare, von deren Treue gegen König und Reich er sich überzeugt habe, in ihre durch ein königliches Urteil abgesprochenen Ämter wieder zu restituieren. Vergleiche auch Cermenate, Kap. 59, p. 120.

Auch von Cermenate dürfen wir annehmen, dass er vom Kaiser selbst investiert, oder wenn er von einem königlichen Vertreter ernannt sein sollte, wenigstens bestätigt wurde; denn wie bereits mitgeteilt wurde, wird er in einer Urkunde vom Jahre 1344 ausdrücklich als notarius auctoritate imperiali publicus bezeichnet. Schon aus diesem Grunde dürfen wir von ihm eine kaiserfreundliche Gesinnung erwarten, wenn auch Beispiele vom Gegenteil bei seinen Amtsgenossen nicht selten sind. Aber dieselbe ist nicht blos die loyale Gesinnung eines kaiserlichen Beamten, sondern seine politische Überzeugung, wie er sie klar und bestimmt in den ersten Kapiteln seiner Geschichte ausspricht.

Zwei Ideen waren es, die seit Jahrhunderten die Geister bewegten und gerade in jener Zeit eine bestimmte litterarische Fassung bekommen hatten: 1.) die Lehre Gregors VII. und des heil. Thomas von Aquin von der unbedingten Suprematie der Kirche, der die Könige nur vasalli ecclesiae sind, welche Anschauung in der berühmten Bulle unam sanctam des Papstes Bonifaz VIII. formuliert worden war, und 2.) die dualistische Anschauung von der Gleichberechtigung beider Institutionen, des Kaisertums und des Papsttums und die Auffassung von der Schutzherrschaft des Kaisers über die Kirche als göttliche Mission, wie sie ihren Ausdruck namentlich in Dantes „de monarchia" gefunden hatte. Zu den Anhängern der letztern Richtung gehörte auch unser Autor, ja man kann sagen, dass er direkt von dem grossen Florentiner beeinflusst ist; denn wie Dante sucht auch er die 3 Fragen, die jener in der bereits citierten Schrift sich gestellt hat, in derselben Reihenfolge und im Ganzen mit denselben Gründen, zu beantworten. „Ist die Monarchie zum Wohle der Menschen notwendig, und kommt sie mit Recht dem römischen Volke zu?" so frägt sich Dante zuerst[1]), und wie dieser bejaht auch Cermenate diese Fragen.[2]) In Kap. VII wendet er sich dann zu der Stellung von Kirche und Staat. Denn in Folge des Doppelwesens der menschlichen Natur sind von Gott zwei Obrigkeiten gegeben worden, die päpstliche Würde und die kaiserliche Gewalt, welche wie zwei Leuchten bestimmt sind, die

---

[1]) o. c. lib. I. Kap. II, pag. 6.
[2]) Kap. VI, pag. 16—17.

Menschheit des gesamten Erdkreises zu lenken.¹) Wie es also einen Gott giebt, so auch einen Papst und einen Kaiser, dem der Mund des Herrn zu steuern befohlen hat. Das Recht der Weltherrschaft aber, welches das römische Volk lange gemeinsam besessen hatte, übertrug es auf einen einzigen, Julius Caesar, den es mit dem Titel Imperator belegte und zum Herrn der Welt machte. Später wurde diese Würde den Griechen zuteil, und als diese zuliessen, dass die Kirche bedrängt und verfolgt wurde und es nicht auf sich nahmen, ihre Unterthanen vor Übel zu schützen, wurde dieselbe auf ein Gebot des heiligen Stuhles (sanctae sedis apostolicae auctoritate) auf die Deutschen übertragen. So wurde also der von Gott gesetzten kaiserlichen Gewalt die Aufgabe zuteil, die Kirche zu schützen.

Wie unklar und verworren aber im allgemeinen auch die Idee des Imperiums war, ein wunderbares Phantasiegebilde von alttestamentlichen und antiken Vorstellungen, eine traumhafte Nebelgestalt, so erfüllte sie doch den Gedankenkreis seiner Zeit, und so atmet aus seinem Werke auch der Geist jener kampferfüllten Jahre mit ihren idealen Hoffnungen von der erlösenden Mission des Kaisertums. Um sich ein Bild von der Stimmung jener Zeit zu machen, vergegenwärtige man sich nur die Worte Dantes, welche er dem Kaiser widmet.²) „Der friedfertige Titan wird wieder erstehen, und die Gerechtigkeit, die ohne ihre Sonne gleich Pflanzen um die Sonnenwende erstorben war, wird wieder grünen, sobald er seine Locken geschüttelt hat. Sättigen wird er alle, welche hungern oder dürsten in dem Lichte seiner Strahlen, jene, die Ungerechtigkeit lieben, werden durch sein funkelndes Angesicht verwirrt werden. Freue dich, Italia, dein Bräutigam, der Trost der Welt und der Stolz deines Volkes, der gnadenreiche Arigo, der göttliche Augustus und Caesar eilt zur Hochzeit." So können wir auch unsern Autor verstehen, wenn er erfüllt von diesen Hoffnungen einer kommenden schöneren Zeit, dem Kaiser, wenn auch nicht die überschäumende Begeisterung eines Dichters, so doch das freudige Vertrauen eines Mannes entgegenbringt, der

---
¹) Kap. VI, pag. 16.
²) Barthold, o. c. I. 340. Vergl. auch Gregorovius o. c. VI. 29, das Umlaufschreiben des Papstes.

nichts sehnlicher wünscht, als dass Ruhe und Friede seinem geliebten Vaterlande wiederkehre. Wie Dante den Vorgängern Heinrichs den Vorwurf macht, dass sie ihre Aufgabe vergessen hätten[1]), so stellte auch Cermenate seinen König über dieselben, weil er nach dem Höchsten strebe, dem eisernen und goldenen Diadem.[2]) Der deutsche König ist ihm der Mann, der, obwohl an Macht und Reichtum der Mehrzahl der übrigen Fürsten nachstehend, durch seinen ehrenwerten Charakter und Adel der Seele der hohen Würde wert erscheint[3]), der gerechte und gütige Fürst[4]), dessen einfacher Sinn anfangs ganz in dem Gedanken aufging, der Welt die Ordnung zu bringen[5]), der Herr der Erde, von dem alle Gesetze ausgehen.[6]) Dabei ist C. Idealist genug, zu glauben, dass dieser allein mit Milde sich die treulosen Städte hätte gewinnen können[7].) Als aber der König, der nicht blos die Aufgabe hatte, den Frieden zu bringen, sondern auch die jura et regalia imperii zurückzugewinnen[8]), mit letzterer Aufgabe wenig Verständnis auch bei den Ghibellinen fand und Strenge und Gerechtigkeit gegen die Rebellen walten liess, da versteht ihn Cermenate nicht mehr. „O Milde," so ruft er vorwurfsvoll aus, „wie schnell verlässt du unsern König.[9]) Hätte er sich doch den ersten Caesar als Beispiel genommen, den niemand so verletzen konnte, dass er nicht gerne verzieh, oder die Lehre Christi, die befiehlt siebenmal siebzigmal zu verzeihen."[10])

---

[1]) Chè avete tu e il tuo padre sofferto,
Per cupidigia di costà distretti,
Che il giardin dell' imperio sia diserto.
Purgat. VI. 103.
[2]) Kap. IX. pag. 19.
[3]) Kap. IX. pag. 19.
[4]) Kap. X. pag. 21.
[5]) Kap. XVIII. pag. 39.
[6]) Kap. XIX. pag. 43.
[7]) Leo, Gesch. der it. Staaten III. 251 nennt unsern Autor nicht blos einen der trefflichsten, sondern auch naivsten Geschichtschreiber Italiens und charakterisiert ihn damit sehr gut.
[8]) Otto Felsberg, Beiträge zur Geschichte des Römerzugs Heinrich VII. pag. 4.
[9]) Kap. 33 pag. 75.
[10]) Kap. 34 pag. 78 quasi hunc numerum pro infinito ponens fügt er exegetisch hinzu. Anders freilich Nicolaus von Butrinto, wenn er sagt: Si bene

So hat sich Cermenate trotz seiner im Grunde kaiserfreundlichen Gesinnung ein eigenes Urteil bewahrt, immer bleibt er Italiener und zwar in erster Linie Mailänder. Niemals geht er so weit, wie Dante ungerecht gegen seine Vaterstadt zu sein, im Gegenteil, wo er kann, stellt er seinen Mailändern das beste Zeugnis aus. Sie sind weder schwer zu gewinnen, noch trotzig und fügen sich selbst einer ungerechten Herrschaft[1]); nur sie können den Brescianern gefährlich werden[2]), und man liest den heimlichen Stolz, Sohn des reichen, mächtigen Mailand zu sein, zwischen den Zeilen heraus, da er von dem armen deutschen König spricht, der nur mit Unterstützung der Italiener imstande ist, etwas auszurichten.[3]) Aber sein Bürgerblut wird rebellisch, da „die zaghaften, entarteten" Mitbürger dem kaiserlichen Vicar mehr einräumen, als ihm zukommt, und sich in thörichter Furcht vor nichtigen Drohungen eine schimpfliche Behandlung gefallen lassen. Heu, quam parvo discrimine perditur quod nullo pretio emi potest, quodque viris carius est omni vita, so ruft er unwillig über die Teilnahmslosigkeit der Mailänder aus, die sich nicht um ihre Freiheit kümmern und erst aufmurren, da es an ihre Tasche geht.[4])

Die höchste Bürgertugend ist ihm die Unterordnung des Einzelnen unter den Willen der Gesamtheit[5]); die Missgunst und der Parteihass erscheinen ihm wie eine verderbenbringende Krankheit.[6]) Darum kann er auch seine Freude nicht verbergen, dass die Geiseln gerade aus denen genommen wurden, denen es überaus schwer fiel, in ihrer Vaterstadt als einfache Bürger zu leben, und auch ihm mag der Wunsch der Bürger von Herzen gekommen sein, den er ihnen in den Mund legt: „Weit mögen die Über-

---

fecit, Deus scit. Sed non credo, quia facilitas suae veniae timeo ne aliis daret exemplum non bene faciendi.
Nicolai ep. Botront. relatio, herausgegeben von Heyck pag. 21.
[1]) Kap. 19 pag. 41.
[2]) Kap. 41 pag. 88.
[3]) Kap. 20 pag. 44.
[4]) Kap. 19 pag. 44.
[5]) Kap. 29 pag. 64.
[6]) Kap. 29 pag. 62.
O superbae olim partis factio, quam bene parata es armis patrios lares querere. Kap. 16 pag. 30.

mütigen fortgehen, welche uns in unserer Stadt durch ihren beständigen Hader belästigen."¹)

Mit einer solchen Anschauung ist jedoch der politische Standpunkt, den ihm Lorenz zuweist²), eine entschieden ghibellinische Gesinnung, nicht vereinbar. Aber eine besonders günstige Behandlung der ghibellinischen Partei oder deren Führer kann ihm auch nicht nachgewiesen werden. Gerade er ist es, der bestimmter als ein anderer gleichzeitiger Geschichtschreiber auf eine Mitschuld des Matteo Visconti an dem Mailänder Aufstand hinweist. Auf der andern Seite ist die Behauptung von Dönniges³), dass alle Guelfen bei ihm schlecht wegkommen, entschieden zu weit gefasst. Es sind gerade die Guelfen in Cremona, deren Schicksal ihm so sehr ans Herz geht, dass er dem König vorwirft, die Milde vergessen zu haben. Für die Revolution der della Torre konnte er sich deshalb nicht erwärmen, weil er die Überzeugung hatte, dass die Teilnehmer sich der Hoffnung hingegeben hatten, jetzt selbst die Leitung der Dinge zu übernehmen, oder ihrer Willkür die Zügel schiessen lassen zu können.⁴) Dass er für Guido della Torre nicht besonders eingenommen sein konnte, ist natürlich, wenn wir seine ganze politische Denkweise berücksichtigen. Gerade dieser war es, der mit allen Mitteln gegen die Erfüllung seiner sehnlichsten Hoffnung, die Ankunft des Königs, arbeitete, und dessen Charakter war nicht dazu angethan, besondere Sympathien zu erwecken.⁵) Wohl mag C. die Farben manchmal etwas zu lebhaft aufgetragen haben, allein der ganzen Charakterisierung stehen keine psychologischen Bedenken entgegen. Der hochmütige Trotz und die feige Verzagtheit, die jeden innern Halt verliert, lassen sich leicht mit

---

¹) Kap. 22 pag. 47.
²) Deutschlands Geschichtsquellen II. 274 (3. Aufl.).
³) o. c. pag. 93.
⁴) Kap. 32 pag. 74.
⁵) Kap. 15 pag. 26. Auch Mussatus, Murat. SS. rer. it. X. pag. 334, hat kein günstigeres Urteil über ihn: magnanimus, acer et implacabilis quamdiu sibi suppeditaret defendendi vel ulciscendi facultas. Ebenso schildert ihn Ferretus von Vicenza, Murat. IX. pag. 1054, als gewaltthätigen, grimmen Tyrannen, und auch Giulini kann in seiner Darstellung kein günstigeres Bild entwerfen, o. c. IV. 872.

einer so wilden und ungezügelten Natur vereinigen; auch sein Benehmen nach seinem Sturze steht völlig damit im Einklang.

Ebensowenig brauchen wir bei der Beurteilung des kaiserlichen Vicars Nicolaus de Bonsignori mit Dönniges[1]) eine Voreingenommenheit von vornherein anzunehmen. Natürlich konnte er sich für diesen bankerotten Kaufmann als Vicar „einer so herrlichen Stadt"[2]) nicht besonders begeistern; auch dieser zog sich gleich im Anfang durch sein tyrannisches, rücksichtsloses Benehmen den Hass aller zu.[3]) Für den Mailänder Republikaner war das Verlangen des Vicars, ausserhalb der Gesetze gestellt zu werden, ein Staatsverbrechen.

Eine parteiische ghibellinische Gesinnung lässt sich also hieraus ebenso wenig erkennen wie etwa aus seiner nur bedingten Anhänglichkeit an den Kaiser. Ja es wird sogar nötig, ihn gegen einen andern Vorwurf in Schutz zu nehmen, den ihm Dönniges macht[4]), indem er ihm einen Hass gegen die Deutschen zuschreibt, der seiner ganz unwürdig sei.

Dieselbe deutschfeindliche Gesinnung wurde bekanntlich auch Dante zugeschrieben und daraus Kapital für politische, antideutsche Agitation geschlagen. Aber dieselben Gründe dürften auch bei Cermenate diesen Vorwurf widerlegen. „Schon die ghibellinische Idee, die Idee der gliedschaftlichen Unterordnung unter das römischdeutsche Kaisertum, die Idee der gleichmässigen und friedlichen Anerkennung des Reiches, welches Italien im Zusammenhang mit Deutschland Heil und freudigen Brautstand bringen soll, diese Idee schliesst den Deutschenhass aus."[5]) „Es wäre nichts, wenn er sie nur Barbaren nennte, aber er vergisst sich so weit, dass er sagt: stolida gens Germaniae natura nimium praeda avida ac disciplinae militaris ignara, und stolidus miles Theutonus," so lautet

---

[1]) o. c. pag. 94.
[2]) Kap. 19 pag. 43.
[3]) Auch die Urteile anderer sind nicht günstiger: un pezzo di mala carne, so bei Muratori, Ann. d'Italia VIII. 45 (Kopp, Geschichte der eidg. Bünde IV. pag. 151), un mal arnese, un uomo pestifero, arrogante e pazzo, bei G. Flamma (Giulini o. c. IV. pag. 863.)
[4]) o. c. pag. 94.
[5]) Sybel's hist. Zeitschrift B. IV. S. 39.

die Anklage von Dönniges. Allein da ist zuerst zu bedenken, dass ihm der eigentliche Schauplatz der Geschichte noch der alte orbis terrarum der Römer war; Italien ist ihm trotz der universellen Idee des Imperiums die Welt, Nichtitaliker sind ihm nach dem Beispiele der Alten Barbaren. Zweitens aber darf man nicht vergessen, dass es ihm zu diesem harten Urteil an Gründen nicht gefehlt hat. Denn im allgemeinen waren es nicht Deutschlands edelste Söhne, die sich von Beute- und Abenteuerlust bestimmt, als Söldner unter der kaiserlichen Fahne sammelten, und da das Heer Heinrichs ganz auf die Unterhaltung in Italien angewiesen war, so ist wohl zu glauben, dass die Begriffe von Mein und Dein nicht besonders streng auseinander gehalten wurden. Wenn aber diese zuchtlosen Horden auch die Häuser friedlicher Bürger in wilder Beutelust plünderten, so ist seine Erregung wohl begreiflich; auch wir haben für solche Soldaten keinen andern Namen als Diebe und Räuber.[1]) Die Bezeichnung stolidus miles theutonus für den plumpen, schwerfälligen deutschen Kriegsknecht dürfen wir aber dem feingebildeten italienischen Notar, der seinen Geschmack an den Alten gebildet hatte, nicht allzu schwer anrechnen.

---

[1]) Über das Unwesen dieser deutschen Söldner vergl. Leo o. c. III. 289.

V.

Der Wert der Geschichte des Johannes de Cermenate und ihre Bedeutung als historische Quelle.

Nachdem wir bis jetzt gesehen haben, welche Befähigung unser Autor als Geschichtschreiber auf Grund seiner wissenschaftlichen Bildung und seines moralischen Charakters, sowie nach seiner Stellung mitten im Volksleben und nach seiner ganzen politischen Denkweise und Gesinnung mitbrachte, ist im letzten Teile zu untersuchen, ob er auch gehalten, was er versprochen, d. h. es erübrigt die Glaubwürdigkeit seiner Geschichte und damit ihren Wert als historische Quelle zu bestimmen. Dabei müssen wir aber genau auseinander halten, was er als selbsterlebt darstellt und was er nur vom Hörensagen kennt; denn trotz seiner reichen Erlebnisse ist er vielfach auf die Mitteilungen anderer oder ein blosses Gerücht angewiesen. Diese Unterscheidung wird uns aber dadurch leicht gemacht, dass er nie unterlässt, durch ein beigesetztes at fertur[1]), nuntiatum est[2]), sunt qui asserunt[3]), credo[4]) diese Mitteilungen als nicht feststehend zu bezeichnen.[5])

Die Kritiklosigkeit, mit der er im Anfange die fabelhaften

---

[1]) Kap. 14 pag. 24.
[2]) Kap. 24 pag. 50.
[3]) Kap. 14 pag. 24, Kaq. 50 pag. 109.
[4]) Kap. 17 pag. 39.
[5]) Den redlichen Willen, nur Gewisses mitzuteilen, können wir am besten aus der Erzählung von der Unterredung der Söhne der Parteihäupter in Mailand erkennen. Da ihm ein Gewährsmann fehlt, so giebt er in der vorsichtigsten Weise nur das wieder, was er gerüchtweise darüber vernommen hatte Kap. 22 pag. 47 ff.

Erzählungen des Livius und anderer in die Einleitung aufgenommen hat, könnte uns ja anfangs gegen ihn einnehmen; allein wir dürfen nicht vergessen, dass er 500 Jahre vor unserm kritischen Jahrhundert lebte, in dem Niebuhr sagte: „Wir haben eine andere Ansicht von der Historie, andere Forderungen (als Livius), und wir müssen es entweder nicht unternehmen, die älteste Geschichte Roms zu schreiben, oder eine ganz andere Arbeit unternehmen, als eine notwendig misslingende Nacherzählung dessen, was der römische Historiker zum Glauben der Geschichte erhob."[1]) Wenn Cermenate aber damit dem Geschmacke seiner Zeit huldigte, so scheint er sich selbst nicht recht behaglich dabei gefühlt zu haben; denn man merkt ihm die Eile an, mit der er an seine eigentliche Aufgabe zu kommen sucht, das ist, die Bedrängnisse und das Ringen seiner Stadt, so weit er selbst Augenzeuge gewesen ist, spätern Geschlechtern zu übermitteln.

Darin ist er aber unser Gewährsmann, und um das zu begründen, müssen wir ihm in der Erzählung der Begebenheiten in den Hauptmomenten folgen.

Nach kurzen einleitenden Bemerkungen über die Wahl Heinrichs von Luxemburg zum deutschen König geht er rasch auf die Zeit über, als im April des Jahres 1310 unter Führung des Bischofs von Konstanz eine kaiserliche Gesandtschaft in Mailand erschien, welche die Ankunft ihres Herrn meldete und die Stadt zum feierlichen Empfang aufforderte. Guido della Torre, der capitano, und Bregadino von S. Nazario, der podestà von Mailand empfingen sie im Palazzo nuovo vor versammeltem Volke[2]), und dabei hat sicher der kaiserliche Notar Johannes de Cermenate nicht gefehlt; denn er kennt den Auftrag an die Mailänder sehr genau, wenn er schreibt[3]): „inducimini, inquit, itaque recipere dominum vestrum, aequatis passibus et stratis, et refectis pontibus, bonis et praeambulis undique factis itineribus, parate viam domini. moneo insuper, inquit, cunctos comites, barones et satellites suos,

---
[1]) Römische Geschichte, Vorrede I. pag. IX.
[2]) Anschaulich lesen wir bei Bonaini, Acta Heinrici VII. Pars prima, doc. XI: et in presentia totius Cleri et consilii generalis civitatis predicte ad hoc cum pulsatione campane et voce preconis convocatorum . . . .
[3]) Kap. 10 pag. 20 ff.

ac universos, qui jure tenentur imperio, ut se praeparent sicut decet; et cum senserint adventum domini sui, ad pedes montium veniant occursum."[1]) Aber dieser Auftrag war nicht nach dem Sinne der welfischen Machthaber in Mailand. Unter den schmeichelhaftesten Ausdrücken wichen sie einer direkten Antwort aus[2]), und ebenso weigerten sich die Städte Vigevano und Monza, bestimmte Versprechungen zu machen, da sie sich auf ihre Abhängigkeit von della Torre beriefen.[3]) Freilich liessen sie vierzehn Tage später durch eine Gesandtschaft dem Kaiser ihre volle Ergebenheit versichern, wenn er sie in Amt und Würde liesse.[4]) Aber damit konnten sie nur die fremden Gesandten täuschen, die erfreut über den festlichen Empfang[5]) in der Relation, über ihre Gesandtschaft schrieben: „Tous contes, barons, castelains de Lombardie, qui tienent de l'enpire, ont respondu generalement, chascun par lui, d'obéir et faire tous les conmandemens monsigneur l'enpereur, et mult desirent sa venue."[6]) Johannes de Cermenate aber, der nicht wusste, ob man schliesslich eine Antwort gegeben habe, hat mit scharfem Blick aus verschiedenen Anzeichen erkannt, dass die bevorstehende Ankunft des Königs den Wünschen Guidos durchaus zuwiderlief.[7]) Zuerst waren es nur heimliche, versteckte Drohungen, dann aber liess dieser öffentlich verbieten, von der Ankunft des Königs zu reden, und viele, die sich rüsteten, den König ehrenvoll an der Grenze zu empfangen, wurden durch den hochmütigen Zorn Guidos von der Reise zurückgehalten.[8]) In lebendiger Weise

---

[1]) Mandaverunt . . . quod preparent victualia, pontes et vias pro eo et gentibus suis; item mandaverunt quod, cum dominus rex sive imperator erit ex ista parte montium, veniant obviam dicto domino regi cum gentibus et armis juxta magnificentiam et secundum ipsorum possibilitatem et honorem. Bonaini o. c. I. doc. XI.
[2]) Kap. 11 pag. 21 ff.
[3]) Bonaiui o. c. I. doc. XII, XIV.
[4]) Bonaini, I. doc. XI.
[5]) et nous rechurent a mult grant joie et a grant feste. Bonaini, doc. XXIV. pag. 33.
[6]) Bonaini, doc. 24 pag. 37.
[7]) Kap. 11 pag. 22.
[8]) Vergl. Nikolaus v. Butrinto o. c. pag. 2.

und anschaulicher Darstellung führt Cermenate uns dann den Zwiespalt unter den guelfiischen Parteihäuptern auf der Versammlung im Hause Guidos vor. Für den Einzug des Königs in Mailand und die Krönungsfeierlichkeiten in der Kirche des heiligen Ambrosius hat er nur wenige Worte; es geht eben ein anderer Zug durch seine Darstellung als bei Mussatus, der hier nicht unterlässt, mit sichtlicher Freude den prächtigen Krönungszug zu schildern.[1]) Doch Cermenate hat nur Interesse an Handlung, und wir erkennen hier, wie wörtlich es zu verstehen ist, wenn er in der Einleitung verspricht, „das Ringen und die Kämpfe" seiner Vaterstadt darstellen zu wollen.

Dazu hatte er bald nach dem Einzug des Königs in Mailand Gelegenheit, da die anfangs im allgemeinen freundliche Stimmung in kurzem einer dumpfen Gährung Platz machte. Am meisten trug dazu die sog. „Contributionsfrage" bei, wie Mahrenholtz[2]) die Verhandlungen über das erzwungene Geldgeschenk der Stadt an den König bezeichnet. Hier weicht Cermenates Darstellung von der des Nikolaus von Butrinto ab[3]), oder besser, er giebt eine Ergänzung zu dessen Ausführung, sowie zu der des Albertinus Mussatus[4]), welche zu einer andern Auffassung dieses Vorganges zwingt. Nach Nikolaus von B. schlägt Guillelmus de Pusterla zuerst 40000 fl. vor, Mattheus Visconti aber will, dass noch 10000 fl. für die Königin gegeben werden. Cermenate erzählt den Vorgang ebenso, nur hat er für den König 50000, für die Königin 10000 fl. Wer hat nun Recht? Bonaini führt in Acta Heinrici VII. I. unter doc. 76 pag. 107 eine Urkunde an, worin Mattheus Visconti am 22. Dezember 1310 dem König 60000 fl. verspricht für die Mühen und grossen Auslagen, welche dieser pro reformatione pacis et boni status Lombardie gehabt hat. Es drängt sich hier die Frage auf, warum er sich zu dieser Zahlung verpflichtete, da er vom König zunächst noch keine Gegenleistung empfängt, sondern erst am 13. Juli 1311 zum Vikar in Mailand ernannt wird, wofür er 40000 Goldgulden an den König und

---

[1]) o. c. I. B. Kap. 12 und 13.
[2]) Über die Relation des Nikolaus von Butrinto, Diss. Halle 1872 pag. 8.
[3]) o. c. pag. 13.
[4]) o. c. II. B., 1. Kap.

10000 fl. an die Königin zu zahlen verspricht, ausserdem jährlich für die Einkünfte, die er bezog, 25000 fl. bezahlen soll.[1]) Wenn wir bedenken, wie sehr es in dem Interesse des Visconti lag, dass der König nicht, wie die Welfen wollten, zuerst nach Pavia, sondern nach Mailand ging[2]), so liegt eine Antwort sehr nahe. Es erscheint darnach sehr wahrscheinlich, dass Mattheus Visconti dem König versprochen hat, seinen ganzen Einfluss aufzuwenden, dass dieser als ausserordentliche Beisteuer der Stadt Mailand mindestens 60000 fl. erhalte. Als daher Guillelmus de Pusterla 50000 fl. vorschlug, so hoffte er am besten sein Versprechen einlösen zu können, wenn er seinen Mitbürgern den Vorschlag machte, für die Königin noch 10000 fl. zuzulegen, da sich diese durch ihre Milde und Güte schon allgemein beliebt gemacht hatte.[3]) Nikolaus von B. erzählt dann weiter: „Tunc dominus Guido dixit, quod civitas erat potens et dives, et quod parum erat secundum indigentiam domini. Unde videbatur ei, quod non minus quam centum milia florenorum debebant sibi dare.[4]) Cermenate dagegen motiviert den Vorschlag Guidos in anderer Weise. Er sagt nämlich: „cuius (Vicecomitis) audito sermone, Guido de la Turre calori nimis pronus, cui neque iram occultare unquam animus aptus fuit, adulationis vitium in tanto cive suspiciens, atque inde indignationis causam sumens „hic ne, inquit, mos honesti civis est, ne decorum ultra communem omnium assensum velle alieni aeris largitione liberalitatis nomen sumere?" deinde de consilio abiens: „cur non, inquit, centum millia cunctis dentur? hic numerus completus est." hunc sermonem immurmurans ac saepius iterans, velut inde pulsus vadit."[5]) Während also nach Nikolaus Guido 100000 fl. vorschlägt, weil dies eine der Macht und dem

---
[1]) Böhmer, reg. Heinrici VII. No. 410. Bonaini, I. doc. 121 pag. 189.
[2]) Kap. 16 pag. 37. Dino Compagni III. B.
[3]) Alb. Mussatus o. c. I. B. Kap. 12. — Auch für die Steuer der Städte Pavia, Vercelli und Novara hatte ein Einzelner, Philipp von Savoyen, nicht bloss die Bürgschaft übernommen, sondern die Summe thatsächlich vorgestreckt. Alb. Mussatus VII. 1. Originell ist übrigens die inscenierte Comödie nicht, da sie sich schon ähnlich in Ast abgespielt hatte.
König, kritische Erörterungen pag. 41.
[4]) o. c. pag. 13.
[5]) Kap. 21, pag. 45.

Reichtum der Stadt entsprechende Summe wäre, stellt Cermenate die Sache so dar, als hätte dieser den Vorschlag aus Ärger, und ohne ihn ernstlich gemeint zu haben, gemacht. Es scheint, dass auch hier unser Autor der Wahrheit am nächsten kommt; denn einmal entspricht alles dem wilden, trotzigen Charakter Guidos, dann aber ist nicht anzunehmen, dass dieser sich mit einer so grossen Summe etwa das Wohlwollen des Königs hätte erkaufen wollen, dem er sich bisher nur widerwillig genähert hatte, und wodurch er die Gunst des Volkes, die ihn allein noch halten konnte, verlieren musste. Denn die drückende Steuer gab zu lautem Murren „des Adels und der Bürger, namentlich aber des niedern Volkes" Anlass[1]); aber bezeichnender Weise richtete sich der Zorn des Volkes nicht gegen Guido, wie es der Fall gewesen wäre, wenn es in diesem denjenigen gesehen hätte, welcher ihm absichtlich diese drückende Bürde auflud, sondern gegen den König, „über dessen Armut man sich untereinander nicht wenig aufhielt."[2])

Um eine Sicherheit für die Treue der Mailänder zu haben, verlangte der König eine Anzahl Geiseln aus den angesehensten Bürgern. Cermenate sagt[3]), dass es hundert gewesen seien, Nikolaus von B. weiss bloss von fünfzig[4]), welche dem König zu folgen hatten. Giulini[5]) glaubt, der Angabe Cermenates folgen zu müssen, che pure era presente à questi fatti; aber Nikolaus von B. wird von Alb. Mussatus unterstützt[6]), dieser selbst scheint seiner Sache sehr sicher zu sein, da er genaue Angaben über den Wahlmodus macht. So ist also ein Irrtum Cermenates, der freilich nicht von grosser Bedeutung ist, nicht ausgeschlossen.[7])

---

[1]) Kap. 21, pag. 46.
[2]) Ebenso Mussatus, II. B. Kap. 1.
[3]) Kap. 22 pag. 47.
[4]) o. c. pag. 16.
[5]) o. c. pag. 875.
[6]) II. B. 1. Kap.
[7]) Cermenate berichtet ferner (Kap. 23 pag. 49), dass der Vicar Nikolaus de Bonsignori geraten habe, den Rat, der über die Aufbringung der Mittel für die Geiseln nicht schlüssig werden konnte, gefangen zu nehmen. Sommerfeldt (D. Zeitschr. f. Geschichtsw. B. II. 1889 pag. 102. A. 3.) bezweifelt die Richtigkeit dieser Mitteilung, indem er dieselbe allein dem grimmen Hasse Cs.

Wie wir mit Recht erwarten dürfen, ist Cermenate eine wichtige Quelle für die Geschichte des Aufstandes in Mailand. Von Bedeutung ist dabei die Frage nach der Mitschuld des Matteo Visconti. Für bestimmt erwiesen scheinen auch die Zeitgenossen dieselbe nicht gehalten zu haben, denn alle darauf bezüglichen Mitteilungen werden fast von allen Geschichtschreibern durch ein ut dicunt, assertione multorum eingeleitet. Alb. Mussatus sagt vorsichtig: Wir lassen unentschieden, welche Auffassung der Wahrheit am nächsten kommt[1]), und Nikolaus von B. begründet den Verdacht des Königs: quia ab omnibus accusabatur, ohne seine eigene Meinung selbst auszusprechen.[2]) Am bestimmtesten weist Cermenate auf eine Mitschuld des Matteo Visconti hin. Während er in Kap. 29, pag. 56 bloss wiedergiebt, was die Meinung vieler war[3]), zeigt doch Kap. 28, dass er persönlich von der Schuld des Visconti überzeugt war, wenn er sagt, dass dieser, non solitae calliditatis oblitus, ein besseres Geschick gehabt habe, als zu erwarten stand. Dass Cermenate mit dieser Meinung das Richtige trifft, ist durchaus anzunehmen; denn einmal musste Matteo von der Unterredung seines Sohnes mit dem jungen Francisco della Turre etwas wissen[4]), dann war seine Haltung während des Aufstandes eine höchst verdächtige, und endlich bewies seine Verbannung aus Mailand, dass der König ihm selbst am wenigsten traute.

Welches aber die Pläne des ränkevollen Visconti gewesen sind, ob er seine welfischen Gegner nur in eine Falle locken

---

gegen den tyrannischen Vicar zuschreibt, während er doch auf pag. 109 A. 3 unserm Autor das Zeugnis ausstellt, dass sein Bericht im allgemeinen genau sei, auf Autopsie beruhe und eingehender Erkundigung. Ein Grund, der gegen die Wahrheit dieser Mitteilung spräche, liegt aber nicht vor; erzählt doch Alb. Mussatus in B. VIII. Kap. 4 von einem ähnlichen Vorgang in Rom, und die Vermutung liegt nicht fern, dass der geistige Urheber derselben war: Nikolaus de Bonsignori.

[1]) II. B, Kap. 1.
[2]) o. c. pag. 18.
[3]) At ubi rex Mattheum vidit, quem in se conspirasse acceperat assertione multorum . . . .
[4]) Kap. 22 pag. 47.

wollte¹), ob er wirklich die Absicht gehabt hat, die Deutschen mit Hilfe derselben aus der Stadt zu vertreiben, oder ob er die Verschwörung ohne einen bestimmten Plan bloss angezettelt hat mit der stillen Hoffnung, in der ausbrechenden Verwirrung auf jeden Fall zu gewinnen, wer mag das entscheiden, wer mag wissen, welche Projekte dem schlauen Intriguanten durch den Kopf gingen? Jedenfalls wusste er zur rechten Stunde sein Interesse von dem sinkenden Glück Mailands zu trennen, während Guidos und der Torre Macht in dem unglücklichen Aufstand zu Grunde ging.²)

Die Art und Weise, wie Matteo zu dem König kommt, wird von Cermenate etwas anders dargestellt, als von Nikolaus von B., und Dönniges³) entscheidet sich in Bezug auf die Glaubwürdigkeit durchaus für den letztern. Allein die Angaben beider lassen sich sehr schön vereinigen. Cermenate erzählt, wie Matteo in dem Augenblick, als er erkannte, wie unglücklich der Aufstand für Mailand ausfiel, sich in das Haus des königlichen Kanzlers begab und sich von diesem zu dem König führen liess. Nach Nikolaus von B.⁴) wurde aber Matteo selbst aus dem Hause des Kanzlers abgeholt. Das schliesst aber doch die Darstellung unseres Autors nicht aus, sondern zeigt bloss, wie die Angelegenheit am königlichen Hofe aufgefasst wurde. Dem König war nämlich das lange Fernbleiben des Visconti schon verdächtig geworden, und er gab Befehl, denselben zu verhaften. Der Bischof von Butrinto hatte ihn aber im Vorbeigehen bei dem Kanzler gesehen, und er erbot sich, denselben herbeizubringen. Wenn er nicht erwähnt, dass ihn auch der Kanzler zurückbegleitete, so that er das, weil es ihm darauf ankam, zu erzählen, wie er allein den königlichen Auftrag ausführte; wenn aber Cermenate nichts von Nikolaus von B. erwähnt, so hat er, was sehr begreiflich ist, von dessen Auftrag nichts gewusst. Dabei ist es sehr natürlich, dass sich, wie Cermenate erzählt, durch die Ankunft des Mattheus die Gemüter aller wieder mit Hoffnung erfüllten, dass sie ihn beglückwünschten und

---

¹) So die Darstellung Villanis IX. B., 11. Kap.
²) Mahrenholtz o. c. pag. 10.
³) o. c. pag. 91.
⁴) o. c. pag. 18.

ihn ihren treuen Freund nannnten[1]), wobei es freilich auch nicht an Stimmen gefehlt haben wird, die, wie Nikolaus mitteilt, dem Matteo nicht trauten.[2])
Nach den Ereignissen in Mailand folgte dann rasch der versuchte Aufstand in Lodi. Nikolaus von B. sowohl als auch Cermenate schreibt die Veranlassung dem Antonio von Fisiraga zu, nur weichen sie darin voneinander ab, wie dieser nach Lodi kam. Nach der Darstellung des Bischofs von Butrinto ging Antonio mit Erlaubnis des Königs dorthin und stellte, als ihm der Urlaub nur ungern gewährt wurde, zwei Bürgen.[3]) Cermenate aber glaubt, dass er aus dem Gefolge des Königs dorthin geflohen sei.[4]) Wie er zu dieser Meinung kam, ist leicht zu erklären. Wie auch Nikolaus erzählt, hatte sich Antonio schon in Brescia, Crema und Cremona verdächtig gemacht, und es war nicht anzunehmen, dass der König so vertrauensselig sein konnte, ihn nach Lodi zu schicken, einer Stadt, deren Abfall zu befürchten stand. Wenn Mahrenholtz[5]) aus Mangel an Parallelstellen unentschieden lässt, wer von den zweien Recht hat, so sei hier auf Ferretus von Vicenza verwiesen[6]), der die Darstellung Cermenates unterstützt.

Nikolaus von B. sowohl[7]) als auch Cermenate[8]) berichtet dann, dass der König den Bürgern von Lodi nach ihrer Unterwerfung vollständige Verzeihung angedeihen liess. Unverständlich ist daher, wenn Mahrenholtz die Angaben des Nikolaus für zuverlässiger hält.[9]) Aus seinem Citat wird er doch nicht Vorbereitungen des Königs gegen Lodi ableiten wollen, da diese doch gegen das rebellische Cremona und Brescia gerichtet waren!

Die Angaben des Cermenate über die Bestrafung von Cre-

---

[1]) Kap. 28 pag. 56.
[2]) o. c. pag. 18.
[3]) o. c. pag. 19. Nikolaus ist auch hier der Gewährsmann von Dönniges o. c. pag. 92.
[4]) Kap. 29 pag. 65.
[5]) o. c. pag. 15 A. 2.
[6]) o. c. IV. B. pag. 1063.
[7]) o. c. pag. 21.
[8]) Kap. 30 pag. 71.
[9]) o. c. pag. 15.

mona¹) finden ihre Bestätigung durch Nikolaus von B.²) und Alb. Mussatus.³) Hier ist es aber nicht bloss der Historiker, der einfach die Thatsache constatiert, sondern gegen seine Gewohnheit ergeht sich hier Cermenate in breiten Reflexionen; denn jetzt kann von einer friedlichen Entwicklung nicht mehr die Rede sein, nachdem der König seine Friedenspolitik aufgiebt und sich als strenger Richter zeigt, und da mit den Gräueln von Brescia eine lange Kette von Kriegsnot und Elend ihren Anfang nimmt.

Von den Kämpfen vor Brescia spricht er als Augenzeuge, da er sich, wie bereits erwähnt wurde, während dieser Zeit im deutschen Lager befand. Es muss uns daher wundern, dass er die Zeit der Belagerung ungenau angiebt. Er sagt nämlich: „juxta Brixiam stetit a mense aprilis usque ad mensem octobris"; thatsächlich aber dauerte die Belagerung vier Monate und zwar vom 19. Mai bis zum 18. September.⁴) Bei seiner sonstigen Gewissenhaftigkeit können wir diesen Fehler nur verstehen, wenn wir bedenken, dass schon etwa 4 Jahre über diese Ereignisse weggegangen waren, als er diesen Teil seiner Geschichte schrieb.

Über die grausame Hinrichtung des Rebellen Theobaldus de Bruxatis bemerkt Nikolaus von Butrinto nur kurz: „ibi fuit ille proditor Theobaldus, quem dominus intromiserat, ad cujus procurationem civitas rebellaverat, per horribilem modum interfectus."⁵) Alb. Mussatus ist ausführlicher⁶), aber doch vermissen wir bei ihm etwas, das Cermenate hinzufügt. Wir haben Theobaldus de Bruxatis schon früher kennen gelernt. In Kap. 18 erzählt nämlich Cermenate, wie Mattheus Visconti dem Theobaldus bei der Ankunft des Königs in Italien den furchtbaren Vorwurf machte, dass er seinen eigenen Schwiegersohn verräterisch hingeschlachtet habe und nicht zurückgeschreckt sei, seine eigene Tochter zur Witwe zu machen. Diese Schandthat gesteht Theobaldus nach seiner Gefangennahme ein, und nach der Darstellung des Cermenate war

¹) Kap. 34 pag. 77.
²) o. c. pag. 22.
³) II. B. 4. Kap.
⁴) Böhmer, Reg. Heinrici VII.
⁵) o. c. pag. 23.
⁶) III. B. 7. Kap.

das es gewesen, was den König direkt bestimmte, mit furchtbarer Strafe ein abschreckendes Beispiel zu geben. Das Urteil wurde, wie Cermenate versichert, aufgezeichnet, und dasselbe ist uns wirklich durch Bonaini[1]) erhalten. Da heisst es: „quod incidit in crimen legis Julie, majestatis, et legis Cornelie, de sicariis, et aliarum plurium legum et jurium communium . . . dignus est morte. Das crimen legis Cornelie, de sicariis, war aber offenbar der Meuchelmord des Theobaldus an seinem Schwiegersohn, und dadurch, dass es namentlich angeführt und neben das crimen legis Julie, majestatis, gestellt wird, wird die Angabe des Cermenate, dass dies Verbrechen ein Hauptmoment der Anklage bildete, glänzend bestätigt.

Die ganze grausame Hinrichtung schildert Cermenate in allen Einzelheiten.[2]) Er findet darin nicht bloss Unterstützung durch Mussatus und Bonaini, sondern auch im Bildercyclus des Codex, Balduini Trevirensis, bearbeitet von Irmer, führt uns Bild XIII b mit der Unterschrift: justitia facta de Th(eobaldo) capitaneo Briscie die Ausführung dieses Urteilsspruches in wenig künstlerischer, aber furchtbarer Anschaulichkeit vor Augen.

Bei der Belagerung von Brescia verfolgt er namentlich die Kämpfe der Mailänder, die auf deutscher Seite fochten, mit grossem Interesse, ohne dass dadurch die Darstellung an Allgemeinheit und Übersichtlichkeit verlieren würde. Manchmal wäre freilich eine grössere Ausführlichkeit zu wünschen. So erwähnt er die langen Unterhandlungen der päpstlichen Gesandten als Friedensvermittler, die furchtbare Seuche in dem Heere der Belagerer nur mit wenigen Worten; zur Ergänzung müssen wir einen anderen Augenzeugen, Alb. Mussatus, herbeiziehen.[3])

Ebenso ist es bei der Angabe der Strafe, welche die rebellische Stadt traf. Schon Dönniges hat auf pag. XVIII ff. der Praefatio zu P. II der Acta Heinrici VII. alle Angaben zusammengestellt, die hier in Betracht kommen, und das angegeben, was ihm wesentlich erschien. Das wäre im Grunde nichts anderes, als was Cermenate in Kürze berichtet. Nach einer Note bei Böhmer,

---

[1]) I. doc. 115 pag. 179.
[2]) Kap. 37 pag. 83.
[3]) IV. B, 1. und 5. Kap.

Acta imp. selecta, Abt. I, pag. 445 ist aber doch der erste Entwurf der Sentenz gegen Brescia[1]) zur Ausführung gelangt, was Dönniges und ebenso Böhmer in seinen Regesten p. 284 noch bezweifelt. Darnach ist das, was Cermenate berichtet, wohl richtig, allein er weiss nichts davon, dass die Stadt eine Contribution von 70000 Goldgulden zu zahlen hatte, und er berichtet uns auch nichts von dem Schicksal, das die Notare, Richter und Advokaten, qui similiter in dicta rebellione fuerant, noch besonders traf.[2])

Nach der Einnahme von Brescia wandte sich der König nach Genua. Schon vor der ersten Stadt waren Gesandte König Roberts von Neapel im deutschen Lager erschienen, um über eine eheliche Verbindung zwischen einem Sohne König Roberts und Beatrice, der Tochter des deutschen Königs, zu verhandeln.[3]) Diese Unterhandlungen wurden darauf in Genua wieder aufgenommen. Die ausführlichsten Nachrichten darüber haben wir von Nikolaus von B. (o. c. pag. 35) und von Alb. Mussatus (V. 6), welche durch einen Brief Roberts an König Heinrich bestätigt werden.[4])

Cermenate weiss freilich von einer solchen Gesandtschaft nichts, was bei der Heimlichkeit, mit der diese nach Genua kam, wohl begreiflich ist. Doch kennt er die Heiratsprojekte, die damals auf Anregung des Papstes in der Schwebe waren. Ferner erfahren wir von ihm die Anwesenheit von Johann, dem Bruder des Königs Robert, in Rom. Während aber Alb. Mussatus sagt, dass einige Genuesen sich diese Thatsache so erklärt hätten, als wäre Johann in freundlicher Absicht nach Rom gekommen, um

---

[1]) Dönniges, Acta II. pag. 16 ff.
[2]) Letzteres war übrigens die gewöhnliche Strafe. Vgl. Dönniges Acta II. 205 ff., Cermenate Kap. 59 pag. 120.
[3]) Wenn Mahrenholtz in seiner Diss. pag. 25 sagt: „Die diplomatischen Verhandlungen wurden zu Ast im Oktober 1310 eröffnet", so ist das nicht richtig. Bei Nikolaus von B., auf den er sich doch beruft, heisst es bloss: „Nolebat autem, quod nunquam posset ostendi (illud instrumentum) ex quo unum esse debebant propter parentelam futuram." Der König hat wohl an eine Verbindung seiner Tochter mit dem Sohne Roberts gedacht, das instrumentum, von dem die Rede ist, enthielt aber eine Abmachung zwischen Robert und der Stadt Asti, welche mit dem Heiratsprojekte nichts zu thun hatte.
Nikolaus v. B. pag. 5.
[4]) Bonaini, Acta I. doc. 143 pag. 224.

den König zu ehren, behauptet C. bestimmt[1]), dass dies eine briefliche Entschuldigung des Königs Robert gewesen sei, deren Inhalt er dann ausführlich angiebt. Dönniges[2]) macht deshalb unserm Autor den Vorwurf der Ungenauigkeit, bloss weil sein Gewährsmann Mussatus eine andere Fassung hat, neben der aber die Darstellung Cermenates sehr wohl bestehen kann. Allein schon aus innern Gründen erscheint die Mitteilung Cermenates am wahrscheinlichsten. Denn es musste doch Robert in erster Linie daran liegen, den König so lange hinzuhalten, bis sein Bruder festen Fuss in Rom gefasst hatte, und da sich dessen Anwesenheit nicht länger verheimlichen liess, musste er dafür sorgen, dass die wahren Absichten nicht bekannt wurden. Wenn aber Dönniges überhaupt die Existenz solcher Briefe läugnet, so hätte ihm nicht entgehen dürfen, dass Nikolaus von B. sich auf solche Briefe berief, als er im Namen des Königs Johann in Rom begrüsste[3]); ja Dönniges bringt in Acta Heinrici VII. II. 188 selbst den Beweis vom Gegenteil, da hier Heinrich sich auf das beruft, que nobis scripserat et publice asserebat nostris nuntiis et aliis (rex Robertus), quod Johannem fratrem suum transmittebat ad urbem pro nostro et imperii favore et nobis daret in coronatione nostra auxilium, consilium et favorem.[4])

Dönniges fährt dann fort: „Weil aber Johannes (von Cermenate) an eine solche Entschuldigung denkt, so folgt sein zweiter Irrtum in der Geschichte ganz natürlich, dass er meint, Heinrich habe Robert getraut und seine Ausrede für wahr gehalten. Denn gerade das Gegenteil erfahren wir von Albertinus, der in Genua war." Aber Mussatus sagt doch nur, „dass diese angebliche Willfährigkeit oder Freundschaft, wie thatsächlich, so auch im Gerüchte verschwand." Wenn Riciardus Gambatesa, der Gesandte Roberts plötzlich abreiste, als die Nachricht am Hofe kund wurde, dass Johann die guelfischen Orsini gegen die Colonna unterstütze, so beweist das nur, dass dieser sehr vorsichtig war, nicht aber dass Heinrich seine Gesinnung gegen König Robert geändert hat. Nach

---

[1]) Kap. 42 pag. 94.
[2]) o. c. pag. 92.
[3]) o. c. pag. 49.
[4]) Pöhlmann, der Römerzug Kaiser Heinrichs VII. pag. 72 A. 1.

Nikolaus von B. ging dieses Vertrauen sogar noch weiter; denn trotzdem dem König nicht unbekannt war, dass Florenz täglich neue Streitkräfte erhielt, welche unter dem Banner Roberts einherzogen, und Nikolaus, der von einer Gesandtschaft aus Rom zurück kam, ihm von den Kämpfen daselbst berichtete, so wollte er doch nicht an eine solche Treulosigkeit glauben.[1]) Nur wenn wir diese Vertrauensseligkeit voraussetzen, können wir begreifen, wie König Robert ihm noch am 12. August 1312 solche übertriebenen Forderungen für das Zustandekommen der Heirat zwischen ihren Kindern stellen konnte.[2]) Denn das klingt sehr unwahrscheinlich, dass Robert, dieser Meister in Intrigue, Falschheit und Hinterlist, der selbst die Florentiner, seine politischen Freunde, über seine wahren Absichten im Zweifel liess[3]), von Heinrich übertrumpft worden sei, indem dieser sich, wie Mahrenholtz in seiner Dissertation pag. 27 behauptet, aus politischen Motiven blind stellte.[4]) Doch so weit soll diese Untersuchung nicht gehen; es genügt, festgestellt zu haben, dass Heinrich in Genua das falsche Spiel Roberts noch nicht durchschaute, und das ist es, was Cermenate behauptet hat.[5])

Von den Ereignissen in Rom erfahren wir durch Cermenate

---

[1]) Nikolaus von B. pag. 35 und 53.
[2]) Bonaini I. doc. 143.
[3]) Bonaini, Acta P. II. doc. 132 ff.
[4]) Vergleiche Barthold o. c II. pag. 130, der eine psychologische Erklärung dieser wunderlichen Befangenheit H. in dem letzten Acte seines Lebens findet, wo er die Rücksicht, die er früher so zartsinnig beobachtete, vergass, und seinem Unmute durch den Bannstrahl und jede Waffe, welche die Natur und sein Recht ihm in die Hand gab, Luft machte.
[5]) Mahrenholtz (o. c. pag. 26) sucht seine Behauptung von der doppelzüngigen Politik Heinrichs damit zu stützen, dass er sagt, Heinrich hätte schon am 10. März 1312 in Pisa Unterhandlungen mit König Friedrich von Sicilien angeknüpft. Er citiert dazu Böhmer, Reg. pag. 298. Trotzdem aber hier König Robert namentlich genannt ist, so lässt er sich doch durch den beigesetzlenTitel: von Sizilien zu der Annahme verleiten, dass es König Friedrich gewesen wäre, indem er nicht zu wissen scheint, dass der offizielle Titel Roberts war: rex Jerusalem et Sicilie. (Die betr. Urk. ist gedruckt bei Bonaini, Acta I. doc. 139.) Freilich weiss auch Nicolaus von B. von einer Gesandtschaft Friedrichs zum König nach Pisa; er sagt aber bloss: Audivi tamen quod dictus Fridericus libenter vellet esse junctus dicto regi per aliquam parentelam (pag. 48.) Zu bestimmten Abmachungen kam es hier sicher ebensowenig wie

kaum mehr als den Einzug des Königs; er kehrt wieder zu den Verhältnissen in der Lombardei zurück, welche seiner Aufgabe, mailändische Geschichte zu schreiben, näher liegen. So erfahren wir von ihm die Überrumpelung Cremonas durch Guilelmus Cavalcabos und dessen Untergang, die Thätigkeit Werners von Homburg in der Lombardei und die Unruhen in Vercelli und Pavia. Hier erzählt er noch[1]), wie Philipp von Savoyen in Turin einige edle Pavesen, welche er zur Hochzeit seines Sohnes eingeladen hatte, als Geiseln zurückbehielt, und unter diesen Geiseln befand sich auch Ricardinus. Dann bricht der Faden der Erzählung mitten im Satze ab, und wie schon erwähnt, ist es dem Herausgeber nicht geglückt, die folgende Lücke auszufüllen. Aber trotzdem wissen wir, wer dieser Ricardinus war, nämlich der Sohn des Philipponus de Langosco. Nikolaus von B. schreibt diese Gefangennahme politischen Beweggründen zu: timens, ne si civitas Papiensis perderetur, et patrem vel filium non acciperet, quod sibi merito imponeretur.[2]) Cermenate sieht in der Gefangennahme der Pavesen die Absicht Philipps, von diesen sein ihm schuldiges Gehalt zu erpressen. Er wird hierin nicht nur von Alb. Mussatus unterstützt[3]), sondern wir erfahren hier zugleich, wofür Philipp von Savoyen dies Gehalt zu fordern hatte; es war nämlich, wie schon früher mitgeteilt wurde (p. 37, A. 3), die Summe, welche er als Steuer und Beitrag zur Krönung für Pavia, Vercelli und Novara ausgelegt und noch nicht zurückerhalten hatte.

Die Fortsetzung der unterbrochenen Erzählung führt uns in die wilden Kämpfe gegen das rebellische Toscana, und zwar schildert Cermenate den letzten Widerstand und die Übergabe von Monte Varchi am Arno[4]), die Einnahme von St. Giovanni und Figline. Über diese Ereignisse finden wir im wesentlichen dieselben Angaben bei Villani (IX. 45) und bei Mussatus (IX. 2); ebenso machen diese eine Controlle der Angaben Cermenates

---

iu Genua, wo nach Cermenate eine sizilische Gesandtschaft gerade wegen der angeknüpften Verhandlung mit Robert keinen Erfolg hatte.
Kap. 42 pag. 94, Alb. Mussatus V. 8.
[1]) Kap. 50, pag. 108.
[2]) o. c. pag. 36/37.
[3]) VII. 1.
[4]) 15. Sept. 1312 Böhmer, Reg.

leicht in den wechselreichen Kämpfen vor Florenz[1]), die überdies zum grossen Teil eine Bestätigung erfahren durch Dönniges, Acta II. 190 ff. und Bonaini II, doc. 223 ff. Schon Mahrenholtz hat in seiner Dissertation pag. 39 darauf hingewiesen, und er kommt zu dem Schluss: „Überhaupt verdient die leidenschaftslose Darstellung des Cermenate schon an und für sich den Vorzug vor Mussatus, der die florentinischen Angelegenheiten mit besonderem Deutschenhass schildert." Gerade die Anerkennung einer „leidenschaftslosen Darstellung" ist wichtig; denn wenn Cermenate der Vorwurf gemacht wird, dass aus seiner entschieden parteiischen Gesinnung zahlreiche Irrtümer geflossen sind[2]), so konnte hier nicht bloss das letztere widerlegt werden, sondern auch die Ausführung im 4. Abschnitt dieser Abhandlung, wie wenig zutreffend der Vorwurf eines einseitigen Parteistandpunktes ist, erhält damit eine Unterstützung. Wohl verfolgt er mit lebhaftem Interesse die Kämpfe der Deutschen, allein es ist das die Teilnahme an männlicher Entschlossenheit und Tapferkeit gemäss seiner Absicht, die Thaten zu beschreiben, an denen sich die Nachwelt ein Beispiel nehmen könne.

Im Kapitel 61 kommt Cermenate auf den päpstlichen Erlass vom 12. Juli 1313 zu sprechen, nach welchem jeder, der das Königreich Sizilien diesseits des Farus angreifen möchte, excommuniciert wird. Cermenate will von einem Überfall wissen, bei dem diese Bulle durch dieselben Männer, welche einst Bonifaz VIII. vergewaltigten, von dem Papste Clemens V. erpresst wurde. Mussatus dagegen stellt die Sache so dar, als wäre diese Bulle auf ein demütiges Schreiben Philipps von Frankreich erlassen worden. Freilich habe der Papst die Gesandten anfangs mit allgemeinen Redensarten abspeisen wollen, und erst, als diese darauf drangen, er solle seine Entscheidung über die einzelnen Punkte auseinandersetzen und kundthun, habe sich der Papst endlich bereit erklärt, die obenerwähnte Urkunde ausgehen und mit der päpstlichen Bulle versehen zu lassen.[3]) Wir sehen also, beide Historiker schreiben

---

[1]) Villani lib. IX. Kap. 47 ff. Alb. Mussatus IX. Kap. 2 ff., Nikolaus von B. pag. 71 ff.
[2]) Lorenz, l. c.
[3]) XVI. 3.

die päpstliche Politik einem direkten Einfluss und Drängen Frankreichs zu, und Barthold[1]) sowie Ilgen[2]) sind geneigt, dieser Darstellung zu folgen.

Pöhlmann dagegen[3]) räumt zwar ein, dass sich Frankreich lebhaft für den Anjou bei der Kurie verwendet hat, allein es sei verkehrt, einen Causalnexus in dem Sinn zu statuieren, dass man die Haltung des Papstes gegen den Kaiser einzig als schwächliche Ergebung in den Willen Philipps von Frankreich fasse oder auf direkten Zwang zurückführe, während sich doch die Übereinstimmung mit Frankreich einfach dadurch erkläre, dass dasselbe, was Philipp aus dynastischen Motiven erstrebte, durch die Verkettung der Dinge zugleich ein notwendiges Inhärenz der päpstlichen Politik geworden sei. Der ganze Beweis ist so sorgfältig und mit solch zwingenden Gründen geführt, dass man kaum etwas wird dagegen einwenden können. Pöhlmann giebt auch selbst die Erklärung dafür, wie die Zeitgenossen zu dieser Auffassung der Dinge kamen. „Sie vermochten sich den schroffen Kontrast zwischen der begeisterten Begrüssung Heinrichs in Italien durch die Kirche und dem nachmaligen offenen Widerstand derselben gegen die Pläne des Kaisers schwer zu deuten; darum führten sie einen Umschlag entweder auf die Einwirkungen einer fremden Macht zurück oder sahen, wie Dante Alighieri, in der päpstlichen Politik nichts als ein Spiel, welches von vornherein auf Lug und Trug angelegt war."

So blieb also auch Cermenate von seiner Zeit und ihren Meinungen nicht unbeeinflusst. Aber wird dies überhaupt einmal möglich werden, wird es einmal eine zeitgenössische Geschichtschreibung geben, die, selbst wenn ihr alle Hilfsmittel zu Gebote stehen, in aufgeregter Zeit den wirklichen Sachverhalt mit voller Sicherheit festzustellen vermag? Die menschliche Unzulänglichkeit wird dieser Frage stets ein Nein entgegensetzen, und so können wir Cermenate begreifen und auch entschuldigen.

Auffallend ist, dass Cermenate so kurz über den Tod des Kaisers berichtet, den er doch bei seiner Ankunft in Italien so

---

[1]) o. c. II. pag. 413.
[2]) Nikolaus von B., Diss. pag. 15.
[3]) o. c. pag. 113.

freudig begrüsste. Allein die Hoffnung, die er an ihn knüpfte, hat er schon vor Cremona mit den Träumen von einer schönen, goldenen Friedenszeit begraben, und jetzt nach langen Jahren voll Kampf und Kriegselend, da er von dem Tode des unglücklichen römischen Kaisers schreibt, konstatiert er die Thatsache mit den wenigen Worten: „inde ira animi et immodicus corporis aegri labor ipsius febris igniculum in continuam traxit, qua continua comite die XXIV. augusti anno MCCCXIII migravit ad dominum in loco quem incolae Bonconventum dicunt."[1])

Wir haben jetzt unsern Autor durch die wichtigsten Ereignisse in seiner Darstellung begleitet, wobei wir versuchten, seine Glaubwürdigkeit oder den historischen Wert seiner Geschichte zu untersuchen und zu prüfen. Wir werden zwar zugeben, dass Einiges aus der verblassten Erinnerung unzulänglich oder mit ungenauer Zeitangabe geschrieben ist. Dagegen dürfen wir aber auch behaupten, dass der innerste Kern wahr und glaubwürdig ist; denn nicht bloss andere zeitgenössische Geschichtschreiber stimmen im wesentlichen mit ihm überein, sondern seine Angaben werden sehr oft erhärtet durch das Urkundenmaterial bei Dönniger und Bonaini. Unbeeinflusst von einer einseitigen politischen Gesinnung ist alles mit individualisierter Anschaulichkeit und mit scharfer Feinfühligkeit für das Wesentliche dargestellt. „Suavissime me saepe adlexit Johannis historia Mediolanensis, tam apte, tam eleganter scripta, ut mihi veras iam redolere videatur latinas Musas, quibus se totum fere aequalis Johanni Petrarca et multi alii viri eiusdem aetatis dedicarunt. Naturali pulchritudine, nitore quodam Sallustiano et Liviano, quorum stylum non imitari, sed imbibisse eum dicamus, ornatus est, in exprimendis et depingendis hominum moribus miram artem h. e. naturam suam adhibuit; rebus ipsis quarum pars magna fuit, eisque quidem quae patriam praeclaram civitatem Mediolanensem attinebant, adeo commotus erat, ut tamquam verus Ghibellinus divino quodam spiritu adflatus et affectis vehementissimis inspiratus intimam illarum partium animam nobis exhiberet", so sagt Dönniges sehr schön und treffend von ihm.[2]) Nachdem wir den politischen Standpunkt Cermenates als Ghibelline bereits

---
[1]) Kap. 64 pag. 133.
[2]) Acta, I. Praef. pag. VI.

modifiziert haben, können wir dieses Urteil zu dem unsrigen machen und kurz wiederholen: Johannes de Cermenate hat das Verdienst, uns in vollendeter Darstellung eine Geschichte hinterlassen zu haben, die wir mit Vertrauen als eine der wichtigsten Quellen für den Römerzug Kaiser Heinrichs VII. wie für die italienische Geschichte des angehenden 14. Jahrhunderts benützen können.